子どもが育つ！
あそびのキーワード7

子どもの興味・関心、好奇心からあそびは始まり、そしてどんどん膨らみます。その過程で疑問をもったり、考えたり、様々な人と関わりながら深く学んでいきます。ここでは、あそびの中の子どもの育ちを見るにあたって押さえておきたい7つのキーワードとともに事例を紹介します。

キーワード

1 探究心・好奇心から学んで

子どもたちは、興味をもったものに主体的に関わり、
探究心、好奇心をもって深めていきます。
そしてその過程の中に深い学びがあります。
うまくいったり、いかなかったり、いかなかったらどうしたらいいかまた考えて、
そんな試行錯誤の中で子どもは育っていきます。

光のペットボトル「映画館」

窓の隙間から何かに反射して天井に光の残像が映る…。
子どもたちはそんな何気ないひとコマに心を動かします。
きれいな色が映ると、「虹色みたい！」。揺れている光を見つけると、「UFOかなぁ？」。
そんなつぶやきを愛らしく感じた事例を紹介します。

（東京都・野のゆり保育園）

あそびの始まり

製作コーナーに、カラーセロハンを用意しました。すると、早速、カラーセロハンを顔に当てる子どもたち。「あー！　みんな青になった！」と、色が変わる景色を楽しみ始めました。

子どもが育つ！ あそびのキーワード**7**
1 探究心・好奇心から学んで

素材で楽しむ

初めに、素材そのもので遊ぶ時間が続きました。顔や物、蛍光灯などにカラーセロハンを当てたり、太陽の下でかざしたりして色の変化を楽しみます。「きれいなハンカチ♪」と、洗濯物に見立てて物干しに飾ったり、アクセサリーとして身に付けて遊んだりして楽しんでいました。

カラーセロハンでアクセサリー作り

保育者から

素材は製作活動に使うもの、と決めつけず、時にはあそびの中で、思うように扱ってみるのも良いでしょう。それぞれの子どもが、どんなことに対しておもしろさを見いだしているかを考えながら、保育者がおもしろがって見てみると、いろいろな発見があるはずです。

光に透かすときれいだね

窓際や太陽の下でカラーセロハンを当てたとき、その反射光がどこかに映ることを知った子どもたち。早速、作った物を窓に貼ってみることになりました。

わあ、きれい！

保育者から

子どもの気付きをきっかけに、楽しめそうな活動を考えました。カラーセロハンだけでなく、「光に透かす」「色が映る」という素材（クリアフォルダー、透明な下敷きなど）を用意しました。似たような素材での違いを比較したり、興味を広げるきっかけづくりになったと思います。

キラキラする!

光を感じて楽しむ水あそび

光に水が反射すると、ゆらゆらときれいな残像が映ります。それに気付いた子どもの発見や感動が、カラーセロハンでのあそびとつながりました。プールに入っていたRちゃんが、「セロハン持ってきたい!」。プールに入れると、色はきれい!　ところが、すぐにぐちゃぐちゃになってしまいます。そこで、容器に光を透かす素材を入れたペットボトルなど、光と色を感じられる水あそびのおもちゃ作りを始めました。

保育者から

それまでの経験を踏まえて「○○したい」という声が出てくると、子どもたちの興味や体験が深まるチャンスです。カラーセロハンがぐちゃぐちゃになってしまうという、思い通りにいかない体験を、どう生かすかがポイントでした。今回は、水あそびのおもちゃ作りを通じて、水と光を意識して工夫する、楽しむというあそびにつながりました。

いろいろな物に変身!

夏に作った光るペットボトルはそのまま、ままごとコーナーに置くことになりました。ジュースや調味料に見立てて遊ぶ子、窓際に置いてキラキラするのを眺めたり、油性フェルトペンで模様を描いて新作を作ったり、そのまま継続して楽しみました。

保育者から

子どもが作った物は、ただ家に持ち帰るのではなく、園でそのまま継続して扱えるとよいと思います。自分で作った物は愛着がわきますし、他の子どもや保育者も大事に扱うことを心掛けると、「大切にされている」という実感ももてます。既製品でない物は、手を加えたり修正できる良さもあります。

子どもが育つ！ **あそびのキーワード 7**
1 探究心・好奇心から学んで

暗室に光るペットボトルを
置き、懐中電灯を照らす

映画館みたい！

秋になり、光るペットボトルを光らせてみようと、ペンライトや懐中電灯で光らせるあそびがはやりました。初めは棚の中や机の下など、ちょっとした暗がりで楽しんでいましたが、大きな段ボールで暗い部屋を作ろうと暗室を作りました。暗い部屋では、とってもきれいに模様や色が映ります。その様子を見てMくんは「映画館みたい！」と大はしゃぎ！　ペットボトルだけでなく、色や模様のきれいに映りそうな物をどんどん作り、映画館ごっこを楽しみました！

白い紙に映し出された模様

保育者から

光を透かすことから始まり、自分で投影をさせることにあそびの質が変わっていきました。子どもたちの興味を出発点に、次に何があれば、それぞれの興味や体験が深まっていくかと考えて環境を整えていくと、子どもたちはおもしろがって毎日を過ごせると思います。

暗室で懐中電灯の
明るさを確認

キーワード

2 興味が出発になってあそびが始まる

何気ない一言や発見など子どもの興味・関心があそびの出発点になります。
そのことに周りの友達や保育者が反応し、一緒に調べたり、考えたり、
とにかくやってみたりすることで試行錯誤が始まり、遊び込むようになります。
出発点となる子どもの興味・関心を広げるための工夫や環境構成もとても大切です。

カラフル登り棒に挑戦！

園舎のとある場所にあった柱を登ったことがきっかけで、登ることに夢中になります。
そして、登り棒をプレイデー（運動会）でも披露することになり、
どうやったらできるか考えていきました。

（東京都・白梅学園大学附属白梅幼稚園）

あそびの始まり

ある日、園舎の柱につかまっていたYちゃん。何をしているのか声を掛けると、「登り棒をしたい！」とのことでした。聞いてみると、園近くの公園で、よく登り棒をしているそうです。Yちゃんいわく「あそこの公園の棒は細いから登りづらい」ようで、この園にある柱が太くて登りやすいようです。そんなYちゃんの姿に刺激され、クラスの仲間も登り棒に挑戦し始めます。

クラスの仲間も挑戦！

Yちゃんが初めて登り棒を挑戦した午後、「帰りの会でみんなに言いたい！」とのことで、このあそびをみんなに報告しました。Yちゃんが、登れる柱の場所を伝え、最後に「できない人は教えてあげるね」と伝えると、翌日から興味をもった子たちとの登り棒あそびが始まりました。

クラスの仲間に報告しました！

子どもが育つ！ あそびのキーワード **7**
2 興味が出発になってあそびが始まる

🗨️ **保育者から**

今まで仲間の前に出てきて話をしたことがなかったYちゃんが、自分から「みんなに言いたい！」と言ってきたことに驚きました。Yちゃんにとっては、ずっとやりたかった登り棒。その気持ちを保育者が受け止めてあげることで、『みんなにも伝えたい』という気持ちになりました。

うえまでいけた！

上まで行けた！

「靴下の方が滑らない」と靴を脱いだり、はだしで挑戦したり、何度も挑戦していくうちに、上まで行ける子も出てきました。何秒つかまっていられるかを競うことも楽しんでいました。

🗨️ **保育者から**

挑戦したことが分かるように、紙を用意しました。写真には、ぶら下がれた時間（秒）が書かれています。

塩ビ管で登り棒

2学期になり、プレイデー（運動会）でも「登り棒をやってみたい！」という意見が出ました。そこで、塩ビ管を用意し、園庭でも登り棒ができるようにしました。

滑るので、仲間の力を借りて登る以外にも、倒して平均台のように渡ったり、ジャングルジムに掛けて慎重に渡ったり、いろいろな遊び方で試していきます。

塩ビ菅で綱渡りに挑戦！

うえまでのぼったぞ！

滑らないためには

予想以上に新品の塩ビ管が滑ります。下から友達に押してもらっても、滑って落ちてきてしまいます。どうしたら滑らないかを考え、ビニールテープを貼って、絵の具を塗ることにしました。色とりどりに絵の具が塗られていきました。

保育者から

塩ビ管を用意したのはいいものの、こんなに滑りやすいとは思いませんでした。でも、このことが子どもたちと考えるきっかけになりました。

完成したカラフル登り棒！

カラフルな登り棒が完成！ 絵の具とビニールテープを貼ったら少しは登りやすくなりましたが、まだ滑る様子…。地面から登るのが難しいとのことで、机とイスからしがみつく方が登りやすいことを発見しました。プレイデー当日まで、探求は続きました！

キーワード

3 興味や疑問からあそびがつながる

遊び込んでいくと、次から次へと興味や疑問が生まれます。
一つの疑問を解決しようと調べていくうちに、次の疑問に出会い、
更に次の疑問へと、答えではなく疑問をたくさん見つけていきます。
その中で子どもたちの興味はどんどんと深まり、あそびをつなげていきます。
答えが見つかることだけが大切なのではなく、
次から次へと生まれる疑問にとことん向き合うことで子どもは育っていくのです。

スタンピング －筆以外での絵の具あそび－

絵の具の活動は筆を使うものだという観念をなくし、もっと身近に、楽しく絵の具を使って遊んだ事例です。

(東京都・野のゆり保育園)

あそびの始まり

絵の具を使って絵を描くことが苦手な子どものために、絵の具のおもしろさを感じてもらいたいと始めたのが、きっかけとなりました。

絵の具を練って遊ぶ

のりを入れた絵の具を手で練って、色を混ぜたり、ひっかいたところにできる溝で模様を描いたりして遊びました。練った絵の具を紙に転写して模様の映りや、色の変化を楽しみました。

保育者から

感触を楽しみながら、色の変化、混ざり方を体感できます。ただし、絵の具の活動は、汚れることを気にすると、気持ちが萎縮して楽しい気持ちも半減します。汚れてもよい服装で、思い切り楽しめるように配慮します。

どろどろだ～

子どもが育つ！ あそびのキーワード**7**
3 興味や疑問からあそびがつながる

スタンプをいっぱいトイレットペーパーの芯に詰めたら固まって、アート作品に！？

ハートだ！

スタン프作り

リサイクル素材でスタンプ製作を通じて、様々な物の形になることを発見。トイレットペーパーの芯を折ると、ハートの形になると気付いたBちゃんは、紙一面にハートをスタンプして楽しみます。
Hくんはスタンプを押すということよりも、スタンプをしながら、作っているものが色付いたり、絵の具が固まったり、つながったりすることが楽しくなり、いつの間にかスタンプそのものがアート作品のようになっていました！

丸めた紙やネットのスタンプ

段ボール板を筆の代わりにしたり、丸めてスタンプにしたりして描く

スポンジでスタンプ

 保育者から

絵の具を筆以外の物で描くきっかけとして、スタンプを作りました。様々な素材を用意して、扱いやすく選びやすい工夫をすることを心掛けます。保育者が意図した活動から、違う楽しみ方をしていたとしても、それを受け入れ、認めることで活動の楽しさは広がります。

野菜スタンプ

育てた野菜を収穫し、断面はどうなっているかを観察。野菜の切り方（いちょう切り、短冊切りなど）によって違う形になることへの気付きがありました。その後、野菜もスタンプにしてみようかということになりました。カボチャにコマツナ、グレープフルーツ、ニンジン、大きなトウガンなど、いろいろな野菜でスタンピングをしました。色が塗り重なる野菜に美しさを感じたKくんは、それを並べて重ねて…、いつの間にかすてきなオブジェができていました。

保育者から

家庭に協力をお願いし、野菜のへたを集めました。子どもたちが「おもしろそう！やりたい！」と思うことなら、保護者も喜んで協力してくれます。また、自然の物には、人工物とは違う美しさがあります。そうした、自然の造形美を感じる機会もつくっていけると良いですね。

子どもが育つ！ あそびのキーワード **7**
3 興味や疑問からあそびがつながる

拾ってきた自然の スタンプあそび

野菜のスタンプを通じて、自然物の美しさに触れられました。もっと身近な物と絵の具を組み合わせてみようと、近所の公園や園庭を散策し、マツボックリに、マツの葉、雑草、落ちている葉っぱなど、収集した物で絵を描いてみました。

保育者から

本当にすてきな模様や美しさに、心動かされます。子どもたちは、毎日、「見て、見て！ こんな葉っぱがあったよ！」など、身近な自然物を宝物のように拾ってきますよね。そうした気持ちを大切にくみ取りたいなと思います。こうしたあそびを通して楽しむこともその一環です。

4 イメージの世界で遊ぶ

子どもたちがごっこあそびやままごとなどイメージの世界で遊ぶことは
とても大切なことです。空想したり、想像したりすることは、
その後、人の気持ちを考えて、想像して行動することにもつながっていくはずです。
また憧れの気持ちをかなえるために、見たり、調べたりして
自分なりにイメージの世界でなり切ることも多く、
その中でたくさんの学びの機会と出会います。

忍者になりたい！

頭に風呂敷を巻くと…、あっという間に忍者に大変身！
忍者になって木登りをしたり、手裏剣の的当てをしたり、様々な"修行"を積んだ子どもたち。
忍者屋敷作りやクラス全員での忍者ごっこなどあそびが広がっていきました。

（神奈川県・宮前幼稚園）

あそびの始まり

クラスに置いてあった風呂敷を見つけたHくんが、突然「忍者になりたい！」と言いました。3歳のときにも忍者ごっこを経験していたことから、すぐさま頭に風呂敷を巻いて、忍者に変身！
その姿を見たクラスの友達も「僕も忍者になりたい！」と、忍者ごっこが始まりました。

保育者から

"風呂敷"という共通のアイテムを持つことで、忍者のイメージを共有し、仲間意識が生まれていました。そこで、【忍者に変身する風呂敷の巻き方】を全職員に伝えました。遊んでいる最中に風呂敷が取れてしまっても、どの先生でも巻き直しができるように体制を整え、あそびが継続するように配慮しました。

子どもが育つ！ あそびのキーワード **7**
4 イメージの世界で遊ぶ

忍者修行① 木登りの巻

忍者たちは早速、園庭へ修行に出掛けました。木登りや雲梯、アスレチックなど修行する場所を見つけ、クリアするごとに更に難易度の高い場所を探し挑戦します。

 保育者から

忍者になり切ることで、これまでは挑戦したことがないような場所にも、果敢に立ち向かっていく姿が見られました。"修行"というあそびの中で、【登る・降りる・跳ぶ・つかまる・ぶら下がる】など、多様な動きを経験することができます。

忍者修行② オリジナル手裏剣作りの巻

修行を積む中で、「手裏剣が欲しい！」という声があがりました。初めは色紙で作ったり、牛乳パックを十字にしたりして、シンプルな手裏剣を作っていました。ある子が牛乳パックと色画用紙を組み合わせたことをきっかけに、様々な素材でのオリジナルの手裏剣作りが始まりました。

忍者修行③ 手裏剣的当ての巻

手裏剣が完成すると、的当てへとあそびが発展しました。よりおもしろくなるように「穴を開けたい!」、かっこよくなるように「的に色を塗りたい!」と子どもたちからアイディアがたくさん出てきます。

保育者から

完成した手裏剣を投げられるように、的として段ボール箱を置きました。場を整えることで安全に遊べるように配慮しました。また、段ボール箱という子どもが扱いやすい素材を用意したことで、段ボールカッターを使って穴を開けたり、色を塗ったりと、自分たちで考え、工夫しながら作っていく経験につながりました。

忍者修行④ 忍者屋敷作りの巻

「忍者屋敷も作りたい!」という声があがったため、牛乳パックを組み合わせて骨組みを作り、段ボールで隠し扉を作り、絵の具で色を塗っていきます。

牛乳パックで作った家に入ってうれしそうな子どもたち

保育者から

保育者が「どんな方法で作ろうか?」と投げかけたところ、「前にお家を作った牛乳パックで作ろうよ!」という意見が出てきました。子どもたちとの対話を大切にすることで、これまでに経験して知っている知識が新しいあそびにも生かされます。

子どもが育つ！ あそびのキーワード **7**
4 イメージの世界で遊ぶ

水の上を綱渡りする術

忍者修行⑤
クラス全員で修行の巻

ある日、忍者の国から巻物が届きました。巻物を見つけた子どもたちは、巻物を置いていった忍者を探したり、自分たちで巻物を作って返事を書いたりと、忍者とのやり取りを楽しみました。また、クラス全員で巻物に書かれている〈水の上を綱渡りする術〉〈石になる術〉などの修行を行ないました。

石になる術

保育者から

数人から始まったあそびが、クラス全体へと盛り上がっていったので、子どもたちがより忍者の世界のイメージに浸って遊べるよう、保育者が忍者の国の巻物を書きました。また、クラス全員で忍者に変身し修行を行ないました。
忍者という共通のイメージをもったことで、自分がなり切る修行から、保育室の中に忍者屋敷を作るなどあそびが広がっていきました。

キーワード

5 様々な関係の中で育つ

子どもの周りにはたくさんの関係性があります。
友達、保育者、保護者だけでなく、事務の人、用務員、バスの運転手なども。
また地域の人との関わりも大切です。
いろいろな関係の中で刺激を受けたり、アイディアをもらったり、
あそびのヒントをもらったり、その関係が広いほど、豊かな経験につながります。

ネイル屋さん

4歳児の女の子たちが始めたあそび。
お客さんがたくさん来てくれる工夫がたくさん見られた事例を紹介します。

（東京都・東一の江幼稚園）

あそびの始まり

3歳児のときに、そのときの5歳児が「おけしょうやさん」をやっていて、お客さんとして参加していました。その後、自分たちもやると、ネイル屋さんをオープン。そんな思い出があり、4歳児になりネイル屋さんをリニューアルオープンさせました。

子どもが育つ！ あそびのキーワード **7**
5 様々な関係の中で育つ

いろんなお店屋さんがありました

4歳児になって、いろいろなクラスで「アイスやさん」や「かみのけやさん」「えんぴつけずりやさん」などのお店ができて、子どもたちはそれぞれのお店でごっこあそびを楽しんでいました。

 保育者から

隣のクラスでお店が開かれると、そこに遊びに行き、自分たちもと、いろいろなクラスでお店がオープンしたようです。また、その中で、お客さんとのやり取りやお客さんを集める工夫などを知っていきました。

ネイルをぬりたい

お化粧に興味をもった女の子たち。油性フェルトペンで爪にネイルを塗ります。しかし、爪を痛めるし、塗っただけで発展が難しい…と思い、担任がマスキングテープを提案します。

保育者から

子どもたちは思いはあるけど、素材や方法を知らずあそびが滞ることがあります。そんなときは保育者が素材などを提案します。ただ押しつけるようにせず、子ども自身が考えて選べるように配慮します。

19

お客さんを呼ぼう

いろいろなお店屋さんをしたり、他の子どもたちが広告を掲示した物を見たりしていたので、ネイル屋さんを始めるときに、「ポスターを作ろう！」という話になりました。

保育者から

子どもたちは今までの経験をあそびに生かします。それは自分たちがしてきたあそびだけでなく、他の子どもたちがしていることもあそびの中に取り入れます。
そういったことがいろいろな場所で起こるので、園ではお店屋さんなどが始まるとポスターを廊下などに掲示することが定着し、一つの文化のようになっています。

ネイルを作ろう

お客さんがネイルを選べるように、マスキングテープを事前に切ってプラスチック板に貼ります。更にどこでもネイル屋さんができるように、首から掛けられるようにしました。

できました！

子どもが育つ！ **あそびのキーワード7**
5 様々な関係の中で育つ

ネイル屋さん大流行

お客さんが選んだネイルを丁寧に貼っていきます。3歳児のお客さんにも優しく貼ってあげます。

どれが
いいですか？

ネイル屋さんを遊びやすく

ネイル屋さんを更に楽しくなるためにネイル屋さんの看板を作ったり、ネイル屋さんの道具をフックに掛けたり、見えやすくしました。他のあそびをしているときネイル屋さんは、「へいてんちゅう」になります。

 保育者から

遊び始めやすく、片付けやすい環境であることも遊び込むためのポイントになります。ネイル屋さんの道具を掛けることができる場所を作ったからこそ、始めやすく、また片付けやすくなりました。

キーワード

6 五感で感じる保育

五感(視覚、聴覚、味覚、触覚、嗅覚)の全てを意識することで、
保育に広がりが生まれます。
ある一つのことへの興味から始まり、
そこから様々な物を五感で感じることのできる環境だからこそ、
あそびに広がりが生まれていきます。

野菜の生長を通して

園の環境を生かした保育をというねらいから、
食育に力を入れ、子どもたちの声を反映させた栽培活動の事例を紹介します。

(神奈川県・四季の森幼稚園)

育てる野菜を決める

子どもたちにどんな野菜を食べた経験があるか、何を食べてみたいかなどを聞き、それを元に、園で育てられそうなキュウリ、トマト、ピーマン、スイカの4種類の野菜を育てることに決定しました。

あそびの始まり

園にある畑で、子どもがダンゴムシを探していました。毎日畑で探していると、3歳児のときに園で育てて食べた野菜のことを思い出し、担任の先生に「今年の野菜は?」と問い掛けました。保育者も野菜の苗について検討しているところだったので、ここから栽培の活動が進んでいきました。

保育者から

日々の子どもの思いが見えるように視覚化しました。そのことが日々の興味・関心を育み、育てることに期待がもてるようになりました。園には野菜の専門的な知識のある保育者が存在するわけではありません。どのように育てる必要があるかを具体的に調べることで保育者の意識を高め、子どもたちに反映していきました。

子どもが育つ！あそびのキーワード 7
6 五感で感じる保育

野菜のイメージを膨らませてみる

子どもたちが「育った野菜がこんな風になるかもしれない」と想像し、更に野菜への興味を高めるために、「自分の食べたい野菜」を画用紙に描きました。

保育室に野菜の写真を掲示したり、野菜の図鑑を置いたりして、子どもたちの興味を高めることができるように環境を工夫しました。

苗を観察しよう

実際に野菜の苗を、匂いをかいだり、触ったり、近くで見たりして、それぞれの野菜の苗の特徴を五感で感じていました。

保育者から

保育室と畑には少し距離があります。雨が降ったり風が強かったりするときは「野菜さん大丈夫かな？」などと心配します。そのような子どもの思いを大切にして、保育室と畑を心でつなぐため、まずは苗をしっかりと観察してみました。また、撮影した畑の写真などを掲示して、身近な存在にすることを心掛けました。これまでの経験を経て、野菜の苗を植えることを楽しみにしている子どもたちです。

どんな匂いがするんだろう？

苗を植える

苗植え当日、グループで苗を植えたり、水をあげたり、苗を植えることを楽しむことができました。その後、日々の保育の中で、子どもたちが自主的に水をあげる姿や、生長を気に掛けて観察する姿がありました。

 保育者から

保育室に野菜の生長の様子を撮った写真を随時掲示し、クラスで共有し、収穫への楽しみにつなげました。クラスだよりで保護者にも子どもの様子を発信しました。

保護者と共有する

野菜を一生懸命に育てている子どもたちの姿を保護者と共有するため、6月にあるFamilyday(家族行事)でサンドイッチ屋さんとジュース屋さんを開催しました。

園に実ったジューンベリーを子どもたちが収穫し、何の実なのかを調べると…、ジュースとジャムにできることを発見！ 子どもたちが作ったジューンベリーのジュースを家族にふるまいました。

保育者から

Familydayの前に、色画用紙でサンドイッチを作ったり、エプロンを作ったりして、Familydayへの期待を高めていきました。

子どもが育つ！ **あそびのキーワード 7**
6 五感で感じる保育

ピーマンのなかは
タネがいっぱい！
タネをだすと
からっぽだね

収穫した野菜を食べよう

子どもたちが育てた野菜をついに収穫！ キュウリは、塩もみとスティックにしてみそをつけて食べました。塩もみは、ポリ袋に入れて、子どもたちの手で作ります。同じキュウリでも味や切り方の違いに気付きながら食べている姿が印象的でした。
ピーマンは、切ったときの音や匂いなどの特徴を一緒に観察しながら調理をしました。その後、炒めておいしく食べました。

保育者から

話し合いの時間をつくり、子どもたちが野菜をイメージしやすいように環境設定を工夫しました。一から野菜を育て、生長を観察することで、それぞれの野菜の花や、野菜の背の高さの違いに気付き、熱心に観察する姿が継続しました。
植物が育つ過程を知り、育った喜びを感じながら収穫して味わうという経験が、子どもたちの喜びや達成感につながりました。
また、行事につなげていったことで、園での様子を保護者にも知ってもらうことができ、子どもたちの興味を共有して楽しむことができました。

ポリ袋に薄く切ったキュウリと塩を入れて、順番にモミモミ

キーワード

7 自然を感じて遊び、学ぶ

子どもたちの周りには、都会だろうと、
地方だろうとたくさんの自然に囲まれています。
たくさんの自然があっても、関わりがなければ感じることはできません。
反対に少ない自然環境であっても、そこに気付く心があれば、
豊かな自然体験ができるのです。

ハーバリウム作り

草花と果物でハーバリウム作りをした事例。子どもたちの発見や気付き、工夫などが満載です。

（神奈川県・RISSHO KID'S きらり）

あそびの始まり

戸外で草花の採取を楽しむ子どもたち。採取した草花が枯れないようにポリ袋に水を入れ、その中に草花を入れます。その草花を室内に飾っておくと、数日して変色し臭くなってしまいました。そこでペットボトルに水を入れ、その中に入れてみましたが、数日経つと変色していました。採取した花をきれいなまま保ちたいという思いが子どもたちにあったため、保育者がベビーオイルの存在を伝えると、容器にベビーオイルを入れ、その中に草花を入れて楽しむようになりました。ベビーオイルに草花を入れた物が、ハーバリウムであるということを女の子がチラシを見て発見し、ハーバリウム作りへとつながっていきました。

草花が変色！

ハーバリウムっていうんだ

子どもが育つ！ **あそびのキーワード7**
7 自然を感じて遊び、学ぶ

色ごとの ハーバリウムを作りたい

ハーバリウムを作る中で子どもたちが色に着目するようになりました。花の図鑑を参考にし、「ピンクのハーバリウムにしよう」と思った子は戸外でピンク色の花を中心に採取し、黄色にしたい子は黄色の花を探す姿が見られました。

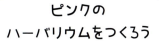
ピンクの ハーバリウムをつくろう

きいろの ハーバリウムをつくろう

ピンクの ハーバリウム

黄色の ハーバリウム

色別のハーバリウム

保育者から

ハーバリウム作りを通じて、子どもたちが色に興味をもち始めていると考え、色別になっている花の図鑑を用意しました。また、色見本などを室内に掲示し、より色に着目していけるような環境をつくりました。

ハーバリウムも臭くなる！

様々な色のハーバリウムを作り室内に飾っておくと、1か月後に再び臭くなってしまいました。そこで、ハーバリウムを売っている花屋さんに行き、ハーバリウムについての情報を集めました。すると、お花屋さんから花をカラカラになるまで乾燥させると、ドライフラワーになって長持ちすることを教えてもらいました。

「くさい！」

お花屋さんに聞いてみよう

お花屋さんのドライフラワー

保育者から

子どもたちの中で疑問や解決したいことが生まれた場合、地域の専門家の方と子どもたちをつなぐことで、新たな気付きや発見のきっかけになります。
また、お店など地域の方と交流するときは、子どもたちのあそびの姿や思い（ハーバリウムが臭くならない方法を知りたい）を丁寧に伝えていくことで、園の取り組みを理解し協力してもらいやすくなります。

子どもが育つ！ あそびのキーワード **7**
7 自然を感じて遊び、学ぶ

ドライフラワーの ハーバリウムを お母さんにあげたい

ドライフラワーを作り、それでハーバリウム作りを楽しんでいると、母の日が近かったので「お母さんにプレゼントしたい」と思う子どもたち。母の日のプレゼントとしてハーバリウム作りをすることになりました。お母さんにあげる物という意識があり、「お母さんの好きな色は青だから、青いハーバリウムにしよう」「リボンも付けたい」と、それぞれがお母さんをイメージしたオリジナルのハーバリウムを作っていました。

おかあさんに プレゼント！

保育者から

行事関連の製作は、子どもたちの興味のある物と関連づけることで、子どもたちが作りたい物を表現し、主体的に取り組むことができます。

あっ、くだものが はいってる！

果物が入っている ハーバリウムを発見！

お花屋さんで果物が入っているハーバリウムを発見。「果物も乾燥させて入れてみたい」と果物のハーバリウム作りを始めました。そこから、果物の乾燥に興味が移り、いろいろな果物を乾燥させ、ドライフルーツにしていきました。

ドライフルーツが食べたい!

ハーバリウムに入れるドライフルーツを作っていると、子どもたちの中で「食べてみたい」という思いが生まれました。食べられるドライフルーツにするために、図書館へ行ってドライフルーツの作り方を調べました。そこで、果物を太陽の光に当てて天日干しにして作る方法を知ります。実際にイチゴを天日干しにして数日おいてみたらカビが生えてしまいました。

保育者から

子どもたちが何か調べたい、知りたいと思ったときは、図書館を活用しています。クラスの全員で行くのではなく、特にドライフルーツ作りに興味のある数名を連れて行き、図書館で必要なことを調べ、時には本を借りてきます。借りて来た本はいつでも子どもたちが見られるように、ハーバリウムやドライフルーツを置いてある場所と同じ所に置いておきます。
図書館の本は借りている物で、園の物ではないということを子どもたち伝え、大切に扱えるような配慮も必要です。

イチゴを切って…

いちばん日の当たる場所で

カビだっ!

カビないようにするには?

イチゴのドライフルーツにカビが生えてしまったことを受け、もう一度別の図書館でドライフルーツについて調べ直しました。また、子どもたちからも「ライトで光を当ててみよう」「カビないようにネットをかけてみよう」と、様々な案が出て実行しましたが、どの方法を試してもイチゴにカビが生えてしまいうまくいきませんでした。

ネットを掛けて天日干し

カビないようにライトをあててみよう

子どもが育つ！ **あそびのキーワード7**
7 自然を感じて遊び、学ぶ

バナナをドライフルーツにしてみよう！

「やいてくださーい！」

「おいしいけど…」

1日経つと真っ黒に！

イチゴはカビやすいのではと考え、次はバナナをドライフルーツにしてみることにしました。家庭でオーブンを使用してバナナをドライフルーツにした女の子が、その方法をクラスに伝えると、バナナは天日干しではなくオーブンを使ってみようと、カットしたバナナを100度のオーブンで1時間加熱してみました。試食してみると、味は甘くておいしいのですが、見た目は茶色く、触るとベタベタします。そこで、お店で購入したドライバナナと食べ比べてみると、お店のはパリパリしていて色もきれいだということが分かりました。また、翌日バナナの状態を見てみると真っ黒に変色。後日、ドライバナナ作りを再び行なう際、子どもたちとパリパリにならなかった原因を考え、「バナナの切り方が良くなかった」「もっと薄く切ればパリパリになると思う」という声が聞かれ、2回目はバナナを薄く切ってオーブンで加熱。するとパリパリのドライバナナが完成しました！

「うすくきったバナナだよ」

パリパリのドライバナナが完成！

 保育者から

子どもたちのあそびの様子を丁寧に保護者の方に伝えると、家庭でもドライフルーツを作る子どもたちが出てきました。家庭と連携することにより、子どもたちの興味が継続され、今回のように新たな方法を知るきっかけにもなりました。保護者の方にもドライフルーツの作り方を聞いてみると、家庭で調べてきてくれ、子どもたちのあそびともつながります。
お店のドライバナナを用意したことで比較ができました。また、子どもたちが作ったドライバナナ、お店のドライバナナ、ドライフルーツの本を同じ場所に置き、子どもたちが気になったときにいつでも調べられ、本物を手に取り観察することができました。

メロンとスイカを ドライフルーツにしたい！

「メロンをドライフルーツにしてみたい」という子が、家庭からメロンを持って来ました。メロンもバナナと同様の方法で薄く切った後にオーブンで加熱。すると、べちゃべちゃになってしまい、味もまずく、子どもたちから「カボチャの味がする！」「何でメロンなのに味がカボチャ？」という疑問の声が出ます。そこで、保育者が食べ物の本のメロンのページとカボチャのページを並べて置いておくと、両方のページに「ウリ科」という文字が書いてあることを子どもたちが発見。同じウリ科でなので味が同じになったのではないかと予測し、食べ物の「科」にも興味をもちました。

すると今度は、別の子が「スイカをドライフルーツにしてみたい」と、家庭からスイカを持って来ました。スイカのページにも「ウリ科」の文字があったので、「スイカもドライフルーツにしたらカボチャの味になるのでは？」と味の予測をする子どもの姿も見られました。スイカもメロンと同様の方法でドライにした結果、やはりべちゃべちゃになってしまい、味は子どもたちの予想通りカボチャ味に。メロンとスイカでのドライフルーツ作りを経験し、水分が多い果物は乾燥しないため、ドライフルーツには向いていないということに気付き、「ウリ科って何？」という果物や野菜の種類に興味を抱くようになりました。

ドライスイカを試食

保育者から

子どもたちが疑問に感じたことに対して保育者が敏感に反応し、環境の中にそのヒントとなる物を用意することで、子どもたちは物事に対して主体的に関わりながら自らの考えをもって取り組むことができます。保育者が答えを教えるのではなく、子ども自らが気付いていけるようなきっかけをつくることが大切です。

年齢別保育資料

4歳児のあそび

田澤里喜／編著

ひかりのくに

本書の特長と見方　子どもの主体性を育む、あそびのヒントがたっぷり詰まった1冊です!!

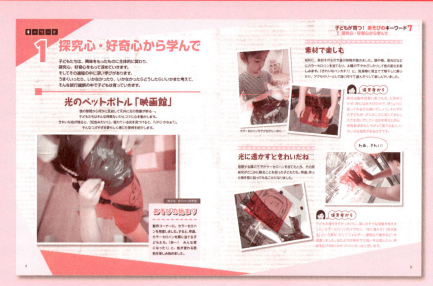

巻頭カラー　P.1〜
子どもが育つ！あそびのキーワード7

あそびの中の子どもの育ちを見るにあたって押さえておきたい、7つのキーワードを事例とともに紹介します。
あそびの始まりがあり、本気であそびに取り組む子どもたちの姿、保育者の配慮や思いも満載です。

運動あそび　P.49〜

「かけっこあそび」「おにごっこ・集団あそび」「ボールあそび」「縄跳びあそび」「道具を使ったあそび」「伝承あそび」のジャンルに分けて、楽しい運動あそびを紹介しています。

ポイント
保育者の配慮や安全面で気を付ける点などを紹介！

『もっとやりたい！』を支えるヒント
あそびが更に楽しくなるヒントです。

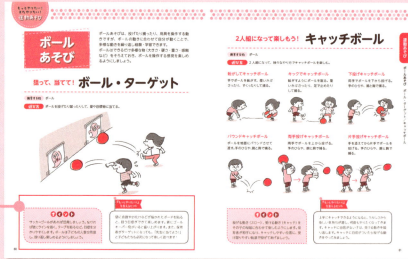

自然あそび　P.81〜

「葉っぱで遊ぶ」「花で遊ぶ」「実で遊ぶ」「枝で遊ぶ」「風で遊ぶ」「石で遊ぶ」「様々な自然あそび」のカテゴリーで、自然と季節を感じるあそびがたっぷりです。

ポイント
あそびの中で大切にしたいことや、自然あそびがうまくいくコツなどの情報を紹介！

造形あそび P.97〜

様々な素材と道具を使って子どもたちが実際に行なった事例をもとに、楽しい造形あそびを紹介。「素材・道具の工夫とポイント」や「環境づくりのポイント」の解説付き。更に、保育者からのあそびのヒントや配慮する点なども満載。
P.98〜103は、造形あそびの環境構成と素材・道具の工夫を写真と一緒に分かりやすく掲載しています。

伝承あそび P.129〜

昔から親しまれているあそびをたくさん紹介。基本のルールや作り方、遊び方を知ることによって、更にあそびが広がります。

手あそび P.145〜

「季節・行事の手あそび」「生活の手あそび」「いつでも手あそび」に分かれていて、1年中楽しめます。

あそびのヒント
導入やことばがけの例、あそびが更に楽しくなるヒントを紹介。

折り紙あそび P.177〜

子どもたちが読めるように、ひらがなで表記。写真付きの折り方もあり、それぞれコピーして活用できます。

飼育・栽培プラン P.201〜

園で飼育・栽培しやすい動植物を紹介しています。

行事の由来 P.225〜

子どもたちに伝えたい行事の由来をまとめています。

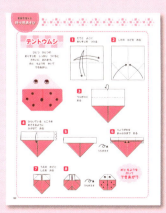

35

4歳児のあそび CONTENTS

【巻頭カラー】子どもが育つ！ あそびのキーワード7 ①

- 2 　キーワード1 ●探究心・好奇心から学んで
  光のペットボトル「映画館」
- 6 　キーワード2 ●興味が出発になってあそびが始まる
  カラフル登り棒に挑戦！
- 10 　キーワード3 ●興味や疑問からあそびがつながる
  スタンピングー筆以外での絵の具あそびー
- 14 　キーワード4 ●イメージの世界で遊ぶ
  忍者になりたい！
- 18 　キーワード5 ●様々な関係の中で育つ
  ネイル屋さん
- 22 　キーワード6 ●五感で感じる保育
  野菜の生長を通して
- 26 　キーワード7 ●自然を感じて遊び、学ぶ
  ハーバリウム作り

- 34 　本書の特長と見方

『あそび』について知っておこう！ 42

- 42 　「やりたい！」を大切にしよう！
- 44 　いろいろな素材を工夫しよう！
- 46 　たくさんの資源を活用しよう！
- 48 　環境構成を考えよう！

もっとやりたい！ またやりたい！ 運動あそび ㊾

50	**かけっこあそび**	64	**縄跳びあそび**
	いろいろ歩き		いろいろ大縄跳び
52	チェックポイントかけっこ	66	歌に合わせて跳ぶ
53	**おにごっこ・集団あそび**	67	**道具を使ったあそび**
	氷おに		家さがし
54	高おに	68	洞窟と石
55	犬と犬小屋	69	同時に引っ越し
56	魚おにごっこ	70	ぶらぶらターザン
57	どんじゃんけん	71	全部入るかな？
58	どろけい	72	**伝承あそび**
59	月と太陽		こんこんちき
60	**ボールあそび**	74	いっせんどうか
	ボール・ターゲット	76	だるまさんがころんだ
61	キャッチボール	77	缶ぽっくり
62	ボール送り	78	**運動あそびの基本的な動き**
63	転がしドッジ		

4歳児のあそび **CONTENTS**

見て、触って、発見して！ 自然あそび ㊁

- 82 **葉っぱで遊ぶ　春・夏**
  - 見立てあそび
  - 葉っぱで変身
  - シロツメクサ
- 83 **ままごと**
  - 絵の具を使って
  - いろいろな所に貼る
  - 葉っぱのこすり出し
  - ラミネートアクセサリー
- 84 **葉っぱで遊ぶ　秋・冬**
  - 落ち葉の感触
  - 落ち葉でドレスアップ
  - 落ち葉でアート
- 85 **落ち葉のれん**
  - マツの葉を使って
- 86 **花で遊ぶ　春・夏**
  - 花摘み
  - 水に浮かべる
  - 髪飾り
  - 色水作り
- 87 **花で遊ぶ　秋・冬**
  - ハーバリウム
  - 栽培
  - ドライフラワー
  - 香りを感じる
- 88 **実で遊ぶ　春・夏**
  - 集める
  - 擦り潰す　擦り下ろす
  - 味わう
- 89 **実で遊ぶ　秋・冬**
  - 木の実で製作
  - ころころ転がす
  - 木の実の足跡
- 90 **枝で遊ぶ　春・夏**
  - バーベキューごっこ
  - 輪切りの枝に描く
  - 紙粘土と組み合わせて
  - 枝を組み合わせて
  - 軸木あそび
- 91 **枝で遊ぶ　秋・冬**
  - オブジェ作り
  - マイツリー
  - アクセサリー作り
- 92 **風で遊ぶ**
  - 身に付けて
  - こいのぼり
  - ダイナミックな環境で
- 93 **石で遊ぶ**
  - 恐竜の化石
  - 重ねる
  - 投げる
  - 絵を描く
- 94 **様々な自然あそび**
  - 水を感じる
  - 音を感じる
  - 光を感じる
  - 雨を感じる
- 95 **木登り**
  - 虫採り
  - サツマイモで
  - 野菜スタンプ
- 96 **泥団子作り**
  - 氷を作る
  - 雪で遊ぶ

子どもの興味から始まる！ 造形あそび ❾❼

- 98 造形あそびが豊かに発展する環境構成と素材・道具の工夫
- 104 切って遊ぶ
- 108 衣装を作る
- 112 大きな物を作る①城
- 115 大きな物を作る②電車
- 118 ごっこあそび　ギョウザ屋さん
- 124 立体物を作る　お菓子

みんなで遊ぼう！ 伝承あそび ❶❷❾

- 130 お手玉で遊ぼう
- 131 ビー玉・おはじきあそび
- 132 やじろべえを作ってみよう
- 133 楽しい坊主めくり
- 134 けん玉のコツ
- 135 紙鉄砲を作って遊ぼう
- 136 紙トンボで遊ぼう
- 137 トントン紙ずもう
- 138 クルクル回るよ風車
- 139 親子で作るでんでん太鼓
- 140 たこ揚げのコツ
- 141 羽根突きをしてみよう
- 142 こまの回し方
- 143 簡単！盤面ごま
- 144 楽しいブンブンごま

4歳児のあそび **CONTENTS**

1年中楽しめる！手あそび 145

- 146 **季節・行事の手あそび**
  春ですよ！春ですよ！
- 148 あおむしでたよ
- 150 おおきなくりのきのしたで
- 152 拍手をプレゼント
- 153 もちつき
- 154 鬼のパンツ
- 156 **生活の手あそび**
  みんななかよし
- 158 はじまるよはじまるよ
- 160 おべんとうばこのうた
- 162 はをみがきましょう
- 163 おえかきうれしいな
- 164 出してひっこめて
- 166 **いつでも手あそび**
  トコトコトコちゃん
- 168 いっぽんばしにほんばし
- 169 まねてたたきましょう
- 170 おちゃらかホイ
- 172 お寺のおしょうさん
- 174 コブタヌキツネコ
- 176 のねずみ

季節を感じる！折り紙あそび 177

- 178 おりかたの　きごうと　やくそく
- 180 チューリップ１／チューリップ２
- 181 イチゴ
- 182 テントウムシ
- 183 こいのぼり
- 184 かぶと
- 185 アジサイ
- 186 カタツムリ
- 187 おりひめ・ひこぼし
- 188 ふね
- 189 きんぎょ
- 190 キノコ
- 191 ドングリ
- 192 キツネ
- 193 さいふ
- 194 サンタクロース
- 195 トナカイ
- 196 やっこだこ
- 197 おに
- 198 おひなさま1
- 199 おひなさま2
- 200 サクラ

育ててみよう！ 飼育・栽培プラン 201

- 202 **小さな生き物を飼育してみよう**
- 203 年間飼育カリキュラム例
- 204 アゲハチョウ／モンシロチョウ
- 205 チョウチョウ・ガの飼育と環境づくり
- 206 テントウムシ
- 207 ダンゴムシ
- 208 カブトムシ
- 210 カタツムリ
- 211 アリ
- 212 スズムシ
- 213 園庭に虫を呼び寄せよう
- 214 **野菜・植物を栽培してみよう**
- 215 キュウリ・トマト
- 216 サツマイモ
- 217 ヘチマ
- 218 オシロイバナ
- 219 カブ・ダイコン・ニンジン
- 220 ヒヤシンス・クロッカス
- 221 食虫植物／ミント
- 222 年間栽培カレンダー例
- 224 植物の力を借りて土づくり／子どもと一緒に害虫駆除

子どもたちに伝えよう！ 行事の由来 225

- 226 こどもの日
- 227 七夕
- 228 敬老の日
- 229 お月見
- 230 夏至・冬至
- 231 お正月
- 232 節分
- 233 ひな祭り

園紹介 234

『あそび』について知っておこう！

子どものあそびは学びです。子どもの「やりたい！」という思いを出発点にし、紆余曲折、試行錯誤しながら、思考したり、工夫したりと、興味・関心をもって取り組み、豊かなプロセスが生まれ、その中で多くのことを学びます。そんな豊かなあそびが広がる環境について、事例を中心に考えてみましょう。更に本書各ページも参考にしてみてください。

事例は、P.2-32で紹介しています。

「やりたい！」を大切にしよう！

　人間はさせられることより、「やりたい！」という思いがある方が育ちや学びが多くなります。「やりたい！」が出発点になり、夢中になるからこそ、没頭し、豊かなプロセスが生まれ、その中にたくさんの学びの機会ができるのです。

　あそびはその「やりたい！」のかたまり。その「やりたい！」を大切にすることが子どもたちの学びのスタートになります。「やりたい！」をひとつ実現していくと、そこから更なる「やりたい！」が生まれてきます。

　例えば、ネイル屋さんの例では、ネイルを塗りたい！（1-1）→お客さんを呼びたい！（1-2）→お店で売るネイルを作ろう！（1-3）と広がりました。

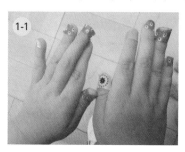

1-1

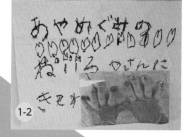

1-2

1-3

キーワード5
(P.18-21)

キーワード2
(P.6-9)

キーワード4
(P.14-17)

　ひとつの「やりたい！」が実現すると、新たな疑問が生まれ、次の「やりたい！」が見いだされていきます。その繰り返しが豊かなプロセスとなり、そのプロセスこそが子どもたちの学びになるのです。

　子どもたちをよく見ると「やりたい！」という思いには一人ひとり違いがあることが分かります。時にはとても少ない人数の「やりたい！」に周りが興味をもってだんだんと広がっていくこともあります。

　登り棒をしたいというYちゃんの思いに刺激され、周りの友達が登り棒に挑戦しています。（1-4）→（1-5）

　忍者になりたい！　というHくんの思いから、いろいろな修行を楽しみながら、クラスの全体を巻き込む流行が生まれています。（1-6）→（1-7）

　子どもの「やりたい！」は何もないところからは生まれてきません。時に保育者から提案をし、それがきっかけとなりあそびが盛り上がることもあります。

　例えば、造形あそびのページ（P.97〜）にあるような環境構成をしてみて、子どもたちの「やりたい！」のきっかけづくりをしてみましょう。

　また、運動あそびのページ（P.49〜）にあるようなあそびをみんなでやって、その後、そこでの経験をもとに自分たちで遊びを展開することもあるでしょう。「やりたい！」が生まれる環境づくりの参考にしてみてください。

いろいろな素材を工夫しよう！

　子どものやりたいことをただやらせるだけではあそびは豊かになりません。子どもが何を楽しんでいるのか、興味をもっているのかを丁寧に見取り、環境構成をしましょう。環境構成をする際はいろいろな素材を活用、工夫することがとても大切です。

　例えば、この事例では、光に興味をもった子どもたちにもっと光について知ってほしい、感じてほしいと、いろいろな素材を提案しています。

　カラーセロハン（2-1）、ガラス（2-2）、ペットボトル（2-3）などの素材から光にもいろいろあるんだと子どもたちが知り、更にペンライトや懐中電灯など（2-4）で投影するようなあそびにも広がっています。

　また、素材は与えるだけでなく、保育者側の工夫も大切です。右のページの写真（2-5）を見てください。子どもたちにどんな野菜を食べたことがあるか、何を食べたいかを聞いて、それを子どもたちにも分かりやすいように書いたり、記したりしています。分かりやすいということは、子どもが興味をもちやすいということにつながります。

キーワード1
(P.2-5)

2-1

2-2

2-3

2-4

『あそび』について知っておこう!

2-5

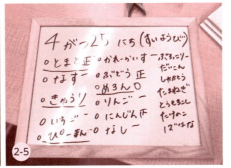
キーワード6 (P.22-25)
2-5

キーワード7 (P.26-32)
2-6

キーワード3 (P.10-13)
2-7

　写真（2-6）は子どもたちが作ったハーバリウムです。ハーバリウムと聞くと、子どもにはそぐわない、大人が作る物、というイメージをもつ人もいるかもしれません。しかし、子どもたちは自分たちの思いを実現するために大人の枠を軽々と超えていきます。

　写真（2-7）では、様々な素材にふれています。絵の具は筆を使うという観念を保育者がなくしたことから、子どもの興味が広がった事例です。

　環境構成によって子どものあそびの方向性が変わります。その環境構成をする上で重要な一つの要素が素材の選択です。「子どもにはまだ早いだろう」「これは保育で使う素材はではないでしょう」と固定観念で考えるのではなく、子どもの興味・関心に寄り添い、子どもの言葉に耳を傾け、素材の検討をしてみてください。

　素材の選択をする上で、本書の事例だけでなく、例えば、自然に興味を示しているのであれば、自然あそびのページ（P.81〜）の素材を、何か作ろうとしているのであれば造形あそびのページ（P.97〜）に書かれている素材を参考にしてみてください。

　また、伝承あそび（P.129〜）や折り紙あそび（P.177〜）なども子どもに提案、提供することであそびが広がる可能性もある素材です。素材は正しい知識に基づいて選択する必要もあります。子どもに提供した自然素材に毒性があった、危険があったということは許されません。

　そういった意味からも飼育・栽培プランのページ（P.201〜）や各ページの安全への配慮も合わせて参考にしてみてください。

たくさんの資源を活用しよう！

本書の事例ではたくさんの資源を活用しています。それは、園内外にとらわれない資源です。
例えば、光の反射（3-1）、塩ビ管の遊び方の工夫（3-2）、公園などの自然物（3-3）、園庭の様々な遊具（3-4）、異年齢との関わり（3-5）、保護者との共有（3-6）、お花屋さんにいってみよう！（3-7）など様々です。

キーワード1
(P.2-5)

3-1

キーワード2
(P.6-9)

3-2

キーワード3
(P.10-13)

3-3

3-5

キーワード5
(P.18-21)

3-4

キーワード4
(P.14-17)

『あそび』について
知っておこう！

キーワード6
(P.22-25)

キーワード7
(P.26-32)

キーワード7
(P.26-32)

　園の中にもあそびが豊かになる資源はたくさんあります。ただし、禁止事項が多かったり、「こう使うもの！」という固定観念が強かったり、「こんなことしたことない」という前例主義だったりすると、その資源が活用されません。
　ぜひ、改めて保育者同士で園内を巡り、あそびが豊かになる園内の資源を探してみてください。倉庫の奥に隠れているかもしれません。
　更に、園の中よりも園外の方が広いのですから資源もたくさんあります。地域によって異なりますが、どの地域であっても園外に子どもたちのあそびや生活が豊かになる資源があるはずです。
　例えば（3-8）は、ずっと置いていた花が臭くならないためにはどうすればいいの？　という疑問を解決するために花屋さんに聞きに行っています。専門家の話だからこそ説得力が違います。
　また、（3-9）は子どもの興味を広げるような掲示をすることが、保護者にとっても興味が広がるものになり、家庭でも調べるようになり、子どものあそびが更に豊かなものになるきっかけの一つになっています。

環境構成を考えよう！

　あそびが大事だからといって、ただ遊ばせているだけでは学びはとても浅いものになります。ですから、幼児期は環境を通した教育と言われ、環境構成を重視しています。

　その環境を構成するときに大切なことは、子どもが何に興味をもち、おもしろがっているのかを理解することと、それらが広がるような環境の工夫ができることになります。言い換えるならば、子ども理解と教材研究が大切ということです。

　子ども理解は、例えば、絵の具を使って遊ぶときに筆では思うように描けないと子どもが感じたときに、保育者が筆の使い方が悪いからと理解した場合と、筆ではなくて他の物を使った方が、その子の思いが満たされるのではと子どもの思いを考えて環境を検討するのとでは、その後の育ちは大きく変わります（4-1）。

　次に教材研究は、筆以外にどのような物があるかを考えることです。その際、保育者として教材に対する知識が全くないのと、日頃から教材研究をしていて、いろいろなことに対する知識、引き出しがあるのとではずいぶんと次の展開が変わってきます。

　その教材研究の参考になるように本書を活用してください。

　おにごっこをしている子にP.53～のおにごっこのバリエーションを提案することで、更に体を動かすことが楽しくなるかもしれませんし、行事の由来（P.225～）を知ることで、子どもたちの興味のもち方も変わることでしょう。

　本書は様々な使い方ができますが、How-toだけでなく、子どもたちのあそびが豊かになるきっかけづくりとして使われることをおすすめいたします。

キーワード3
(P.10-13)

4-1

もっとやりたい！
またやりたい！

運動あそび

子どもたちが「もっとやりたい！」「またやりたい！」と思えるような
運動あそびを幅広く紹介します。
「運動あそびの基本的な動き」の資料も参考に、
子どもと一緒に思い切り楽しんでみましょう。

もっとやりたい！
またやりたい！
運動あそび

かけっこあそび

歩く、走る、跳ねるなどの動きは、体の重心を移動させる動きがしぜんと身につき、体力の向上にも役立ちます。スピード・リズム・方向を変えながらかけっこあそびを楽しんでみましょう。
また、子どもたちの動きを引き出せるように、保育者がいろいろ工夫していきましょう。

まねしてみよう！ いろいろ歩き

遊び方
① スタート地点とゴール地点を決める。
② 初めに保育者がいろいろな動きをして見本を見せる。
③ 保育者の動きをまねしながら、ゴールまで歩く。

ポイント
躍動感を出すことが大事です。どの動きも大きく、はっきり、リズミカルに行なうといいでしょう。

『もっとやりたい！』を支えるヒント
周りに人の少ない安全な場所でなら、あそびの一環で楽しく歩いてみましょう。公園内の遊歩道がおすすめ。カモシカ（スキップをする）になりながら行く道中は、きっと楽しみが増します。同じ道を通るたびに、「じゃあ今度は違う歩き方をしようか」とことばがけをすると、子どもたちから「○○歩きがいい！」とリクエストしてくれるはずです。

歩幅やテンポを変えて

アリ…アリのような細かな動きをイメージし、小さな歩幅と速いテンポで進む。
キリン…思い切り歩幅を広げて、大きくゆったりとしたテンポで進む。

横歩きやギャロップで

カニ歩き…体を横にして移動する。歩幅を広くすると躍動感アップ！
素早いカニ…いわゆるギャロップ。速いカニというイメージで跳ねるように。

腕で支えながら移動

クマ…4足歩行の動物なら何でもOK。お尻が下がらないように意識して、両手、両足を使って歩く。
片足クマ…片足を後ろに上げて進む。両手は同じタイミングでつくとバランスがとりやすい。

跳ねたりスキップしたり

カンガルー…両足をそろえて前に跳び、着地したときに両膝を柔らかく曲げる。カンガルーのように手を胸の前に出したり、おなかに袋を抱えているようにしたりすると、なり切るイメージがもてる。
片足カンガルー…いわゆるケンケン。「カンガルーさん、足をけがしちゃったみたい」などと話し、片足で跳んで進むことを意識させる。
カモシカ…元気に、躍動感をもってスキップする。
すごく元気なカモシカ…思い切り膝を上げてスキップする。

運動あそび　かけっこあそび　いろいろ歩き

両足跳びは、縄跳びの上達につながります。腕で支える動きは、マット運動、とび箱の上達にも通じます。力の強弱をつけたり、テンポを変えることで、思い通りに体を動かせる経験ができるよう、バランスよく、様々な動きを取り入れていきましょう。

もっとやりたい！またやりたい！運動あそび

タッチしながら走ろう　チェックポイントかけっこ

遊び方

1. スタートとゴールの場所を決める。
2. 各ポイントをタッチしながらゴールまで走る。
（走るルートとタッチする場所は、子どもたちと一緒に相談し設定する。例えば、タッチする場所をすべり台や鉄棒などに設定し、走るルートを子どもたちと一緒にジョギングして確かめておく。）
3. スタートラインに並ぶ。
4. 「よーい、どん」で走る。

スタートとゴールの場所

ポイント

走るルートを把握しにくい場合は、目印になるものを用意しておきましょう。数字や色のパネルを貼ったり、クラフトテープを貼ったりします。
初めはタッチするポイントを1〜2か所にして、慣れてきたら、徐々に増やしていきましょう。

『もっとやりたい！』を支えるヒント

スタートとゴールを同じ場所にすると、分かりやすいでしょう。「もう1回やりたい」「次はポイントを変えたい」などの子どもたちの声に応えていくと、あそびが盛り上がるはずです。

おにごっこ・集団あそび

運動量の多いあそびですが、自分のペースで動いたり止まったりできるので、4歳児にふさわしいあそびの一つです。保育者や友達と触れ合ったり、スリルや達成感も味わったりできます。
動きが煩雑になるので、なるべく広い場所で行ないます。また、音やことばがけで興味をもてるようにしましょう。

運動あそび　かけっこあそび　チェックポイントかけっこ／おにごっこ・集団あそび　氷おに

固まって動けなくなる！ 氷おに

遊び方

1. おにを1人決め、おにはみんなを追い掛ける。
2. おにに捕まった子どもは、手を胸の前で交差して「氷」のように固まる。
3. 全員捕まって「氷」になったら終わり。

ポイント

初めは、空間が狭い方が、仲間を把握しやすく遊びやすいでしょう。ルールをいろいろ変えると、違った楽しみがあることを伝えます。子どもたちと一緒にルールを考えて、おにごっこを楽しむようにしましょう。

『もっとやりたい！』を支えるヒント

捕まっていない子どもが、捕まった子どもをタッチすればまた動けるようになる「助けあり」ルールを入れると、あそびがどんどん展開していきます。このルールは、おに役が大変になります。おに役を3～4人に増やしていくと、仲間同士で協力して楽しむことができます。

もっとやりたい！またやりたい！運動あそび

高い所に逃げよう！ 高おに

遊び方

1. おにを1人決め、おにはみんなを追い掛ける。
   ※高い所に上がったら、おにに捕まらない。
   ※おには高い所には行くことができない。
2. 捕まえたらおにを交代する。

ポイント

遊具や道具が設置してある場所を選びます。夢中になって高い遊具に向かって逃げるので、園庭など広くて、固定遊具がある場所で遊びましょう。

『もっとやりたい！』を支えるヒント

おにに捕まえられるドキドキ感から、なかなか高い所から動かない子どももいます。10秒数えたら、次の場所に移動するルールを設けると、あそびが進んでいきます。

くぐって、戻って 犬と犬小屋

遊び方

1. 2人組になり、みんなで円をつくる。
2. 円の外側にいる子は足を開いて立ち「犬小屋」役に。内側の子は、あぐらをかいて座り「犬」役になる。
3. 保育者の合図で、「犬」は自分の相手の「犬小屋」役の足の下をくぐって円の周りを走り、また元の「犬小屋」の足の下をくぐり、あぐらをかいて座る。

ポイント

ぶつからないように、走る方向を反時計回りなどあらかじめ決めておきます。あぐらをかく、足の下をくぐるなど細かいルールがあるので、最初は一つひとつやり方を伝えていきます。

『もっとやりたい!』を支えるヒント

遊び慣れてきたら、走る以外にも、スキップ、ハイハイなど、動きを変えていくと楽しめます。

運動あそび
おにごっこ・集団あそび　高おに／犬と犬小屋

もっとやりたい！またやりたい！
運動あそび

「サメ」に捕まるな！ 魚おにごっこ

遊び方

1. 3〜5mの間隔で、線を2本引く。
2. おに役の「サメ」を1人決め、線の間に立つ。他の子は「魚」役になり、1つの線の上に並ぶ。
3. 合図で「魚」は、もう一方の線に移動。その間に「サメ」は「魚」を捕まえる。捕まったら「サメ」になり、おにを交代する。

ポイント

線の長さは、参加している子どもたちの人数に合わせて引きます。おに役は最初、1人の方がよいでしょう。一斉に動き出すので、周りを見て逃げられるように声を掛けます。

『もっとやりたい！』を支えるヒント

最初の合図は保育者が出します。また、10秒数えたら移動する、歌をうたったら移動するなど、子どもたちが分かる合図にすると、子どもたちだけでもあそびを進めることができ楽しめるでしょう。

勝って敵の陣地を目指そう どんじゃんけん

運動あそび

おにごっこ・集団あそび　魚おにごっこ／どんじゃんけん

遊び方

1. 陣地になるような大きな円を10mくらい離して2つ描き、それを線でつなぐ。
2. 2つのチームに分かれ、順番に並ぶ。
合図で、それぞれのチームの先頭が線に沿って走り出す。
3. ぶつかった所で、お互いに両手でタッチし、「どん、じゃんけんぽん」とじゃんけんをする。
4. 勝った子どもはそのまま進み、負けたチームは次の子どもが走り出し、またぶつかった所でじゃんけんをする。
負けた子どもは自分のチームの後方に並ぶ。
5. これを繰り返し、相手の陣地に入ったチームの勝ち。

ポイント

じゃんけんができるかどうかがポイントです。最初は、保育者が見守り、どちらが勝ったか負けたかが分かるように援助しましょう。陣地は、白線で円を描いてもいいですが、40〜50cm四方に切った段ボールでも代用できます。

『もっとやりたい！』を支えるヒント

子どもたちが走る線は直線でもいいですが、慣れてきたら、クネクネと曲がった線、あるいは固定遊具を通る線、または間に遊具を置くなどすると、多様な動きを楽しめます。

もっとやりたい！またやりたい！運動あそび

けいさつに捕まるな！ どろけい

用意する物 紅白の帽子

遊び方

1. 「どろぼう」と「警察」に分かれ、目印としてそれぞれ紅白の帽子をかぶる。
2. 白線でろうやを描く。
3. 合図で、「どろぼう」は逃げ始め、「警察」は20秒数える。数え終わったら、「警察」は「どろぼう」を捕まえに行く。
4. タッチされたら、「どろぼう」はろうやに入る。全員、捕まったら終わり。

ポイント

始めるときは、分かりやすいように「けいさつ」はろうやに集まります。「どろぼう」の陣地も最初だけ描いておくと、始めるときに集まりやすいです。また、始める際には、「警察：用意はいいですか」「どろぼう：いいですよ」という合図を決めておくと、参加している子どもたちが分かって始められます。

『もっとやりたい！』を支えるヒント

遊び始めは、全員が捕まったらおしまいです。慣れてきたら、「助けあり」ルールを導入すると、捕まっても「けいさつ」にタッチされたら生き返ることができます。

緊張感がたまらない 月と太陽

用意する物 月と太陽を描いた箱

遊び方

1. 線を4本引く。
2. 内側の2本の線に、チームで分かれて立ちます。一方は、月チーム、もう一方は太陽チーム。
3. 表に「月」、裏側に「太陽」が描かれた箱を、内側の2本の線の中心で、審判が上に投げる。
4. 「月」が出たら、月チームは、自分の陣地の外側の線に向かって走る。太陽チームは、相手チームが外側の線にたどりつく前にタッチをする。タッチされたら抜ける。
5. これを繰り返し、最後まで残っていたチームが勝ち。

運動あそび　おにごっこ・集団あそび　どろけい／月と太陽

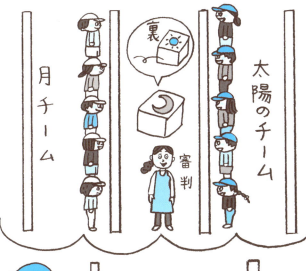

ポイント

子どもの発達時期によって走る距離を調整します。短すぎるとタッチしづらくなります。投げる箱は、参加している子どもたちが見やすい大きさにしましょう。

『もっとやりたい！』を支えるヒント

線ではなく、4つのマットにして陣地を小さくすることで、より周りを見て動くようになります。外側へと逃げる場所に、積み木を置いたり、カラー標識を置いたりすると、跳んだり避けたりする動作も加えることができます。

もっとやりたい！またやりたい！運動あそび

ボールあそび

ボールあそびは、投げたり捕ったり、用具を操作する動きですが、ボールの動きに合わせて自分が動くことで、多様な動きを繰り返し経験・学習できます。
ボールはできるだけ多様な物（大きさ・硬さ・重さ・感触など）をそろえておき、ボールを操作する感覚を楽しめるようにしましょう。

狙って、当てて！ ボール・ターゲット

用意する物 ボール

遊び方 ボールを投げたり蹴ったりして、壁や目標物に当てる。

ポイント
サッカーゴールがあれば活用しましょう。なければ壁にラインを描く、テープを貼るなど、目標を分かりやすくします。ボールは子どもの人数分用意し、繰り返し楽しめるようにしましょう。

『もっとやりたい！』を支えるヒント
壁に点数やお化けなどが描かれたボードを貼ると、狙う目標ができて楽しめます。更にゴールキーパー役がいると盛り上がります。また、保育者がターゲットになっても。「先生に当てよう！」と子どもたちも必死になって楽しく遊べます！

2人組になって楽しもう！ キャッチボール

用意する物　ボール

遊び方　2人組になって、様々なやり方でキャッチボールを楽しむ。

転がしてキャッチボール
手でボールを転がす。覆いかぶさったり、すくったりして捕る。

キックでキャッチボール
転がすようにボールを蹴る。覆いかぶさったり、足で止めたりして捕る。

下投げキャッチボール
両手でボールを下から投げる。手のひらや、腕と胸で捕る。

バウンドキャッチボール
ボールを地面にバウンドさせて渡す。手のひらや、腕と胸で捕る。

両手投げキャッチボール
両手でボールを上から投げる。手のひらや、腕と胸で捕る。

片手投げキャッチボール
手を添えてから片手でボールを投げる。手のひらや、腕と胸で捕る。

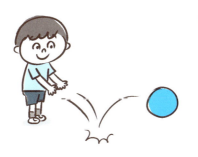

ポイント
投げる動き（スロー）、受ける動き（キャッチ）をその子の段階に合わせて楽しむようにします。保育者が相手になり、キャッチしやすい位置に、受け取りやすい軌道で投げてあげましょう。

『もっとやりたい！』を支えるヒント
上手にキャッチできるようになると、うれしさから楽しい気持ちが増し、何度もやりたくなってきます。キャッチに自信がない子は、受ける動きを繰り返します。キャッチに自信がついたら投げる動きをやってみましょう。

運動あそび

ボールあそび　ボール・ターゲット／キャッチボール

輪や列になって ボール送り

用意する物 ボール

輪になってボール送り

遊び方

1. チームに分かれ、それぞれ輪になる。
2. 合図で、ボールを隣の子に渡していく。早く1周したチームの勝ち。

ポイント

前後よりも、左右の位置関係でボールを渡す方が、簡単にできます。

『もっとやりたい！』を支えるヒント

間隔を空けると、難しさも増します。ボールを送る方法を変えて勝負すると、盛り上がります。

列になってボール送り

遊び方

1. チームに分かれ、それぞれ開脚して縦1列に並ぶ。
2. 合図で、ボールを頭の上から後ろの子に渡していく。
3. 最後尾までボールが回ったら、股の下を通して先頭へボールを転がす。

ポイント

ボールを渡すときは、お互いに声を掛けるとうまくいきます。

『もっとやりたい！』を支えるヒント

大人数で行ない、勝敗をつけると盛り上がります。スムーズにボールが流れるようになると楽しさが増してきます。

ボールを避けて！ 転がしドッジ

用意する物 ボール

遊び方

1. ラインカーで大きめの円を描く。
2. 転がし隊（3〜4名）を決め、円の外側に立つ。それ以外の子は円の中に入る。
3. 転がし隊は円の中の子をめがけてボールを転がし、円の中の子はボールを避ける。ボールに当たったり円からはみ出した子はアウト。円から外れる。
4. 最後まで残った子が、「転がしドッジ」チャンピオン！

運動あそび

ボールあそび　ボール送り／転がしドッジ

ボールを避けるというルールをつかめるように声を掛けていきましょう。初めは、転がす力が弱く途中で止まってしまったり、どうしても投げてしまったりする子も。さりげなくフォローしながら、ルールは保育者が伝え、公正を保ちましょう。

『もっとやりたい！』を支えるヒント

遊び慣れてきたら、当てられた子も転がし隊に加わります。自分が当てたら復活するなどルールを複雑にしても楽しいです。ただしその際は、時間で区切って残った人が勝ちになるなど、勝敗が何で決まるかも変更が必要です。さらに慣れてきたら、ボールを2個に増やすと盛り上がります。

もっとやりたい！またやりたい！運動あそび

縄跳びあそび

単に縄を跳ぶための道具としてではなく、縄の特性を多様に生かして、自由な発想であそびを展開していきましょう。その中で、順番を守ったり、友達に譲ったり、譲ってもらったりする経験を通して、協調性を育んでいきます。縄に引っ掛かって子どもが転倒しないように、安全への配慮も十分にしましょう。

挑戦してみよう！ いろいろ大縄跳び

用意する物 長縄

縄高跳び
長縄を両足で跳ぶ。徐々に高さを上げていく。

ジグザグ跳び
縄を挟んで、連続で左右ジグザグに跳び進む。

ポイント
縄を跳ぶ、ということだけにとらわれず、縄のいろいろな動きをよく見て遊ぶ体験を増やしていくようにしましょう。

『もっとやりたい！』を支えるヒント
興味のある子は、5歳児の遊び方を見て、跳んでみたいと言うかもしれません。その子に合わせて、『大波小波』などの縄跳びあそびに挑戦してみましょう。

ヘビ・波跳び

縦、横方向に縄を揺らし、タイミングよく跳び越える。

ケンパ跳び

長縄を2本平行に置き、縄の間は、ケン（片足）、縄の外側はパ（両足開く）で、リズムよく跳ぶ。

くぐり抜け

長縄を回し、縄に引っ掛からないように走って通り抜ける。縄が上がったタイミングでスタートする。

連続跳び

縄の真ん中に立ち、その場で縄を回して連続で跳ぶ。回ってきた縄が足元にきたら、つま先でジャンプする。

運動あそび

縄跳びあそび　いろいろ大縄跳び

もっとやりたい！またやりたい！ 運動あそび

縄と一体となって！ 歌に合わせて跳ぶ

用意する物　長縄

遊び方
『大波小波』や『郵便屋さん』などの歌に合わせて、揺れている縄を跳ぶ。

ポイント
歌の中で縄を揺らすパートと回すパートがありますが、初めは、揺らすだけで楽しみましょう。慣れてきたら「♪ぐるりと　まわって　ねこのめ」で、縄を回してみましょう。スムーズにいけば４回連続跳びに成功です！　大縄跳びに自信がつくでしょう。

『もっとやりたい！』を支えるヒント
『大波小波』の「♪ねこのめ」で最後にまたぐ際には、ポーズをとって気持ちよく終わりましょう。ネコのかわいい、かっこいいしぐさなど決めポーズがあると、スムーズにできた、できないにとらわれず、楽しい印象で終われます。

道具を使ったあそび

用具を操作しながら多様な動きを経験できるあそびです。身近にあるいろいろな物を使って、楽しいあそびになるように工夫します。子どもたちには、ちょっと難しいことに挑戦する経験も大切。
またやりたいと思えるように、子どもの特性に合ったことばがけを心掛けましょう。

フープを使って 家さがし

用意する物 フープ

遊び方

1. 数か所にフープを置く。
2. 合図で、フープの周りを歩き始め、次の合図でフープの中に入る。
3. だんだんフープの数を減らしていく。

ポイント

フープは、子どもが2〜3人入れる大きさが遊びやすいです。参加している子どもの数に応じて、フープを用意しましょう。

『もっとやりたい!』を支えるヒント

歩く以外に、ハイハイ、高ばい、カエル跳びなど、動きにバリエーションをつけていくと多様な動きができます。また、合図で色を指定することもできます。その際は、複数の子どもたちが入れるように同じ色のフープを幾つか用意しましょう。

お手玉を使って 洞窟と石

用意する物 お手玉

遊び方

1. 1人だけお手玉を持つ。その他の子どもは足の裏と裏をくっつけて座り、『洞窟』を作る。
2. お手玉を持った子は『洞窟』に投げ入れ、今度は『洞窟』を作って座る。
3. お手玉を入れられた子は、素早くそのお手玉を持って走り、自分の隣以外の『洞窟』に投げ入れる。

ポイント

座る間隔が近すぎると、走る距離が短くなるので、最初は保育者が調整します。お手玉を遠くから投げてしまう子もいるので、洞窟に近づいてから投げ入れるように伝えましょう。

『もっとやりたい!』を支えるヒント

2つ、3つとお手玉を増やすこともできます。また、走る以外に、ハイハイ、高ばいで移動して遊ぶのも楽しいでしょう。

積み木を使って 同時に引っ越し

用意する物 積み木

遊び方

1. 数mの間隔を空けて2本のラインを引き、ラインの間に、複数の積み木をランダムに置く。
2. 2チームに分かれ、向かい合って1列に並ぶ。
3. 合図で、一斉に反対側のラインへ、積み木と相手にぶつからないように移動する。

運動あそび

道具を使ったあそび　洞窟と石／同時に引っ越し

ポイント

最初は、障害物なしで行なうとよいでしょう。また、ぶつからないように早歩きで移動します。参加人数が多い場合には、2回に分けて行なうこともできます。

『もっとやりたい！』を支えるヒント

慣れてきたら、いろいろな障害物を入れていきます。また、スキップやギャロップで、2人組になって手をつなぐなど、移動の仕方を変えても楽しめます。

もっとやりたい！
またやりたい！
運動あそび

ロープを使って ぶらぶらターザン

用意する物 直径30mm以上の丈夫な綱

遊び方 ロープにしがみついて体を揺らし、マットなどの目標地点に着地する。

しっかりと手の力を使って握る、体を支える経験ができます。手を握る位置に結び目をつけるといいでしょう。安全への配慮として、つかむ位置を高くしないこと、周りの子にぶつからないようにすることなど、安全な環境設定をしましょう。

『もっとやりたい！』を支えるヒント

着地点のマットを少しずつ遠くすると、楽しさが増します。安全には配慮しつつ、どこまで飛べるか競ってみたり、忍者などになり切ってみるのもいいでしょう。

玉入れ 全部入るかな？

用意する物 玉入れかご、ポール（もしくは高い台）、玉入れの玉

遊び方 スタートの合図で、高い位置に設置したかごに玉を全部入れる。

運動あそび　道具を使ったあそび　ぶらぶらターザン／全部入るかな？

ポイント
運動会のイメージが強い玉入れですが、楽しいゲームなので、普段のあそびにも取り入れてみましょう。かごを狙って斜め上に投げる、膝を使って真上に投げるなど、何度も投げる体験を、盛り上がりながらできるのが、玉入れのいいところです。競う場合は、開始と終了の合図がはっきりと分かるようにしましょう。

『もっとやりたい！』を支えるヒント
既製の玉入れ道具に限らず、段ボールや、洗濯かごなどを活用すると、気楽に遊べます。かごを高い所に置く、保育者がかごを持って移動するなど、様々なバリエーションで楽しんでみましょう。時間で区切り、入れた数で競ったり、全ての玉を入れるまでの速さで競ったり、勝敗を決めるゲームにすると、子どもたちも闘争心が湧いて盛り上がります。

もっとやりたい！またやりたい！運動あそび

伝承あそび

昔から親しまれているあそびを通して、友達とのふれあいを楽しめるようになります。また、ルールを守ったり、友達と協力し合ったりする心も育ちます。
伝承あそびは、夢中になって遊んでいるうちに、多様な動きを総合的に経験することになります。ふだんからぜひ取り入れたいものです。

門くぐり こんこんちき

遊び方

1. 門役を2人決め、手をつなぎ門をつくる。
2. 他の子どもは、2人組になって手をつなぎ、歌いながら門をくぐっていく。
3. 「♪おちごさん！」で、門役の2人は手を下ろして門を閉め、門に引っ掛かった組が、門役を交代する。

ポイント

初めて遊ぶときは、2人組ではなく、1人で歩いて門をくぐります。その際、保育者と子どもで門をつくり、順番に子どもが門を交代します。何度も繰り返し、遊び方が分かったら、2人組で行なってみましょう。

♪こんこん ちきちき こんちきちん おやまの

♪こんこんちき

わらべうた

こん　こん　ちき　ちき　こん　ちき　ちん
お　や　ま　の　お　ち　ご　さん！

運動あそび

伝承あそび　こんこんちき

『もっとやりたい!』を支えるヒント

歩くスピードを上げたり、スキップや両足跳びで移動することもできます。また、動物など、好きなしぐさをしながらでも楽しいです。

門がどんどん増えていく いっせんどうか

遊び方

① 門役を2人決め、手をつなぎ門をつくる。
② 他の子どもは、2人組になって手をつなぎ、歌いながら門をくぐっていく。
③ 「♪きゅうとん」で、門役の2人は手を下ろして門を閉め、門にひっかかった組が、門役の後ろについて門を作る。
④ 2回目以降は、門と門の間に引っ掛かった組が門役になり、門がどんどん増えていく。

♪いっせんどうかは
おもたいな
てくてく くらべの
おおげさよ ♬

♪ いっせんどうか

わらべうた

いっせんどうかは おもたいな てくてく
くらべの おおげさよ きゅう とん！

運動あそび

伝承あそび いっせんどうか

♪きゅうとん！

ポイント

門が複数になると、子どもたちが走り抜けていくので、門を作る手は高く上げるようにことばがけをします。また、門の列も乱れてくるので、その都度調整しましょう。

『もっとやりたい！』を支えるヒント

P.72-73の『こんこんちき』の門くぐりのあそびをたくさん経験していると、保育者があそびに加わらなくても、子どもたちだけでできるようになります。子ども同士で遊べるように、門くぐりあそびの楽しさを伝えましょう。

動いちゃダメよ だるまさんがころんだ

遊び方

1. おにを1人決め、他の子どもはおにから数m離れた所に並ぶ。
2. おにが「だるまさんがころんだ」と言っている間に、おにに近付く。
3. おには言い終わったらみんなの方を向く。そのときみんなは静止する。動いたら、おにはその子どもの名前を呼び、おにと手をつなぐ。これを繰り返す。
4. おにはタッチされたら素早く10秒数えて、みんなはその間に逃げ、10秒数え終わったら静止する。
5. おには、「はじめの一歩」で大きく一歩進む。その後は、一番遠くに進んだ子どもの指示で進み、おににタッチされた子どもが次のおににな る。

ポイント

地域によっていろいろなルールがあります。最初にあそびのルールを決め、子どもたちと確認してからあそびを始めましょう。

『もっとやりたい!』を支えるヒント

『だるまさんのいちにち』という遊び方もあります。「だるまさんが、〇〇（動作、しぐさ）した」とおにが言い、〇〇を、みんながまねをして遊びます。

転ばないように進めるかな？ 缶ぽっくり

運動あそび

伝承あそび　だるまさんがころんだ／缶ぽっくり

用意する物　缶ぽっくり

遊び方　スタートとゴールを決め、缶ぽっくりを使ってゴールまで歩く。

手作り「缶ぽっくり」

大きめの空き缶の底にキリやドリルで穴を2つ開けておく。缶を裏返し、ロープの両端をそれぞれ穴に通し、缶の内側で大きめの結び目を作る。缶の縁にテープを巻いて保護をする。油性フェルトペンで色を塗って完成。

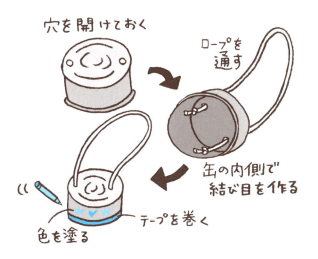

ポイント

ロープでバランスをとって歩くことと、手と足の連動が重要なポイントです。初めは地面をするくらいの小さな歩幅で、平らな場所でやりましょう。慣れてきたら凸凹した場所でも挑戦。その際は、バランスよく動けているかどうかに注目し、転倒に気を付けましょう。

『もっとやりたい！』を支えるヒント

缶ぽっくりを自分で作ると、おもしろさが増します。自分で作ったことで、大事にしよう、上達しようという気持ちが生まれます。上達してきたら、左右で高さの違う物を履いてみるのも楽しいでしょう。

もっとやりたい！
またやりたい！
運動あそび

運動あそびの基本的な動き

幼児期は、生涯にわたって必要な運動の基となる「多様な動き」を習得する大切な時期です。あそびを通して、偏りなく、幅広く、動きを経験できるようにします。
基本的な動きは、大きく「移動」「バランス」「操作」の3つに分類され、経験と繰り返しで、この基本的な動きが洗練されていきます。運動あそびをする上で、知っておきたい情報・資料としてこのページをご活用ください。

移動 体の重心を移動させる動きです。全身を使うものが多く、「歩く」「走る」など、日常生活で欠かせない動きです。

バランス 体のバランスをとる動きです。「立つ」「起きる」など、生活動作に含まれるものが多く、体をコントロールして動作を安定させます。

操作 ボールを投げたり、物を運んだり、対象物の特性に合わせて、手や足、体を連動させ、コントロールしながら動かす動作です。

移動
体の重心を移動させる動き

歩く

走る

跳ぶ

跳ねる（スキップやギャロップなど）

運動あそび

運動あそびの基本的な動き

滑る

くぐる

バランス
体のバランスをとる動き

立つ・片足で立つ

登る・よじ登る

踏む・踏みつける

立ち上がる―座る・しゃがむ

乗る・跳び乗る

かわす・よける

寝る・寝転ぶ―起きる・起き上がる

回る

降りる

入り込む（箱や枠などに）

転がる（揺れる）

止まる

はう

泳ぐ・もぐる

渡る

ぶら下がる

またぐ

逆立ちする

浮く

もっとやりたい！またやりたい！運動あそび

操作

対象物をコントロールしながら動かす動作

 持つ・担ぐ・持ち上げる−下ろす

 支える

 運ぶ・動かす

 押す

 つかむ

 積む・載せる

 引く・引っ張る

 回す

 振る（縄や棒など）

 投げる

 受ける・捕る

 打つ・たたく（ボールなど）

 転がす

 つく（ボールなど）

 蹴る

 こぐ（ブランコなど）

 こぐ（乗り物を動かす）

 しがみつく

 おぶう−おぶさる

 掘る

 すくう−かける

 縛る・結ぶ

見て、触って、発見して！

自然あそび

葉っぱや花、風など、身近にたくさんの自然があります。
ここでは、その自然や季節も感じられるあそびのヒントを紹介します。
あそびの中で大切にしたいことやうまくいくコツなどの情報も満載。
自然を感じて遊び、学ぶ体験を、ぜひ子どもたちと一緒に！

見て、触って、発見して！自然あそび

葉っぱで遊ぶ 春・夏

新緑から落ち葉まで四季の移り変わりとともに、様々な表情を見せる葉っぱ。
春・夏・秋・冬、一年中子どもたちが楽しめるあそびがあります。

見立てあそび

それぞれの葉っぱの特徴を生かしながら組み合わせて遊びます。

ポイント
葉の他に小枝や種、目玉シールなどがあると表現の幅が広がります。

葉っぱで変身

お面や帽子として身に付けて、ごっこあそびを楽しんでみましょう。

ユリノキの葉のお面。

ヤツデの葉の帽子。

シロツメクサ

編むことで冠やブレスレット・指輪もできます。

たくさん摘んで花束に。

冠を付けて「はい、ポーズ」。

上手にできた指輪ににっこり。

自然あそび　葉っぱで遊ぶ　春・夏

ままごと

泥や砂で作って葉っぱを添えると、見た目にもおいしそうな料理の出来上がりです。

大きいカップやバケツなどで土台を作って。

葉っぱを添えて。

絵の具を使って

葉っぱをそのままスタンプしたり、葉っぱからイメージを働かせたり、自由な表現を楽しみましょう。

葉っぱに絵の具やスタンプインクを付けてスタンプします。

葉っぱをキャンバスに置いて、そこから広がるイメージを描きます。

いろいろな所に貼る

柔らかい葉っぱを水につけると、いろいろな場所に貼ることができます。

トタン屋根や柱に貼って形を作るなど、様々な方法で楽しみます。

葉っぱのこすり出し

葉っぱの上に紙を置いて強くこすると、葉っぱの模様が浮かび上がります。

ポイント
紙はコピー用紙を使います。描く道具は色鉛筆など柔らかい物でこすり出すと、きれいに模様が出ます。

ラミネートアクセサリー

お気に入りの葉っぱはラミネート加工すると、アクセサリーとして身に付けられます。

四つ葉のクローバーを見つけたことがうれしくて、ネックレス作りを。

見て、触って、発見して！ 自然あそび

葉っぱで遊ぶ 秋・冬

落ち葉の感触

落ち葉の中に潜ったり、落ち葉の上を歩いたり、全身で感じてみましょう。

落ち葉の布団で、全身で落ち葉の感触や香りを感じます。

落ち葉の道で、落ち葉ならではの踏み心地や足音を味わって。

落ち葉でドレスアップ

冠やネックレスを作って、落ち葉でドレスアップ！

ポイント
お面ベルトに接着するときは、セロハンテープ・接着剤・ホッチキスなどを使います。

お面ベルトにお気に入りの落ち葉をくっつけて作った冠。

爪ようじにひもの先端を縛り付け、葉っぱに通して作ったネックレス。

落ち葉でアート

透明のシートを、ワイヤーで作った枠や木枠に貼ってキャンバスにします。アートするおもしろさを感じられるでしょう。

様々な形や色の落ち葉を集めて、作品に生かします。

葉っぱの形の透明キャンバス。

落ち葉のれん

窓辺や玄関に飾ると室内にいても秋らしさを感じられます。

ポイント
穴パンチで穴を開けておいた落ち葉に毛糸を通します。毛糸の先端は、セロハンテープを巻いておくと子どもたちが通しやすくなります。

マツの葉を使って

針の様な形をしているマツの葉。特徴的な形だからこその楽しみ方がたくさんあります。

芯にマツの葉を入れ、目、鼻、口を付けた人形。

マツの葉人形の美容院ごっこ。髪の毛（マツの葉）をカットして、気分は美容師！

オリジナルのマツの葉人形を使ってのマツの葉相撲。「はっけよーい、のこった！　のこった！」。

ポイント
葉っぱそのものの感触や匂いを感じたり、様々な素材と組み合わせたり、遊び方は多様にあります。その時季の葉っぱの特徴を生かして遊んでみましょう。

自然あそび 葉っぱで遊ぶ　秋・冬

見て、触って、発見して！
自然あそび

花で遊ぶ 春・夏

子どもたちの生活を豊かに彩る花々。
色・香り・感触、花の美しさを
存分に感じながら遊んでみましょう。

花摘み
お気に入りの花を探して優しく摘みましょう。

ポイント
摘んだ花はひもで結んで花束にしたり、瓶に生けたり、摘んだ後も楽しめます。

水に浮かべる
水に浮かべることで、花びらの美しさが際立ちます。

透明の瓶やケースに入れると、様々な角度から花びらの美しさを感じられます。

髪飾り
髪ゴムに摘んだ花をくくり付けてオシャレを楽しめます。

オシロイバナの髪飾り。柔らかい花や葉の方がアレンジしやすいです。

色水作り
透明だった水がきれいな色へと変化していきます。色水を作る過程も、作った後も楽しむことができます。

ジュース屋さんごっこを楽しみます。

ポリ袋に入れてもんで、色を出します。

すり鉢とすりこぎで色水作り。

花で遊ぶ 秋・冬

自然あそび　花で遊ぶ 春・夏・秋・冬

ハーバリウム

瓶の中に閉じ込めて、液体の中に花びらが浮かぶ美しさを感じられます。

ポイント
ドライフラワーにした花を瓶に入れて、ベビーオイルを注ぐと生花より長く楽しむことができます。

栽培

自分たちで育て、芽を出し花が咲く喜びを味わえます。

ヒヤシンスの水栽培。

アサガオが発芽した様子をじっくり観察。

ドライフラワー

ゆっくりと質感や色が変化していく様子を楽しめます。生花にはない独特の質感が魅力です。

麻ひもに木製クリップを付けて、子どもが自分で扱える高さに設置します。

香りを感じる

この季節ならではの様々な花の香りを楽しみましょう。

キンモクセイの花でままごとに発展。

キンモクセイの花。

ポイント
花は、美しいからこそ自然を大切にする心を育むには最高の素材です。あそびを通して子どもたちが自分で考え、判断できるようになることが大切です。

見て、触って、発見して！
自然あそび

実で遊ぶ 春・夏

ピカピカに輝くドングリや、立派なカサのマツボックリ。
実は集めるだけでも宝物を探すようなワクワク感があります。
飾ったり、コロコロ転がしたり、製作の素材にしたり、
あそびの中でも大活躍してくれます。

集める
集めた実は子どもたちの宝物。園庭や公園、たくさん落ちている場所はどこでしょう。

拾った実を手作りバッグに入れて。

擦り潰す 擦り下ろす
感触が変化し、香りも豊かになります。

石板と角材で実を潰したり、こすったりすることができます。

擦り下ろし器を使って、夏みかんジュース作り。

味わう
実をそのまま食べたり、シロップやジャムを作ったり、様々な方法で味わえます。

ウメシロップ作り。爪ようじを使ってウメのへた取りをします。

ポイント
漬け始めた日が異なる瓶を置いて、ウメのしわやシロップの色の変化に気付けるようにします。

収穫したヤマモモを砂糖に漬けて。

完成したシロップを水で割って"ヤマモモジュース"の出来上がり！

実で遊ぶ 秋・冬

木の実で製作

それぞれの実の特徴を生かして活用してみましょう。

キャンドル立て。

マツボックリ人形。

オーナメント。

接着剤の貼り絵。

キリで穴を開け、爪ようじを刺して作ったどんぐりごま。

フォトフレーム。

ころころ転がす

実を転がして…。何度も繰り返して楽しめます。

ドングリや輪切りにした木を転がして。

オリジナルコースを作って楽しみます。

木の実の足跡

画用紙を入れた箱の中で絵の具を付けた実を転がすだけで、きれいな模様を楽しめます。

ポイント

ドングリの中には虫がすみついている場合があります。熱湯でゆでたり、冷凍庫で凍らせたりした後、しっかりと乾燥させてから使いましょう。

自然あそび

実で遊ぶ 春・夏・秋・冬

見て、触って、発見して！ 自然あそび

枝で遊ぶ　春・夏

園庭や公園に落ちている枝。
長さや太さの違いを生かしながら
様々なあそびを楽しんでみましょう。

バーベキューごっこ
枝を集めて、みんなでバーベキュー。ごっこ遊びが広がります。

輪切りの枝に描く
太めの枝を輪切りにすることでキャンバスにもなります。

綿棒を筆にして細かな表現を楽しみます。

重ねて立体的な作品に仕上げました。

紙粘土と組み合わせて
粘土と組み合わせることで、立体的な表現がしやすくなります。

枝を刺したり巻き付けたり、様々な方法で枝と粘土を組み合わせて遊びます。

枝を組み合わせて
イメージを形にしたり、偶然できた形を楽しんだり、楽しみ方はそれぞれです。

家の完成！

軸木あそび
細かく切った枝（軸木）を木工用接着剤で貼り付けていくと、街のような迷路の世界が広がります。

枝で遊ぶ 秋・冬

自然あそび　枝で遊ぶ　春・夏・秋・冬

オブジェ作り
彩り豊かな毛糸を巻いて、オシャレに飾り付けを楽しみます。

糸掛け。

モビール。

マイツリー
お気に入りの枝を木に見立て、ボタンやフェルトで飾り付けします。

アクセサリー作り
輪切りの木を土台にしてスパンコールやビーズでデザインします。

綿棒に接着剤を付けて貼り付けます。

毛糸を付けて、すてきなネックレスの出来上がり！

ポイント
枝を使って製作などをする際は、せん定バサミを使い、子どもが扱いやすい長さにしておくといいでしょう。
長い・短い・太い・細い・直線・二股など、様々な長さや形があるからこそ、子どもたちのアイディアが豊かになっていきます。

見て、触って、発見して！
自然あそび

風で遊ぶ

心地よい春風、厳しい北風、
四季折々の風を全身で感じましょう。

身に付けて

アイテムがあることで、視覚的にも風を感じることができます。

スズランテープを手首に巻いたり、チラシを棒状にしてスズランテープを付けた物を持ったりして風を感じます。

築山の頂上で風を感じて。

こいのぼり

大空を気持ちよさそうに泳ぐこいのぼり。風が強い日、弱い日の泳ぎ方を子どもと一緒に注目してみましょう。

手持ちができるこいのぼりで、走って風を感じます！

ブルーシートを縄に通します。強風が吹くとブルーシートが踊るように舞い上がります！

ダイナミックな環境で

ダイナミックな環境を用意し、風を思い切り感じてみましょう。

ターザンロープで遊びます。

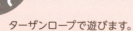

スズランテープを木にくくって。風が吹くとスズランテープが動き、バチバチと音を立てます。

ポイント

目には見えない風だからこそ、風を視覚的にも感じられる工夫をします。そのことによって、子どもたちの知的好奇心がくすぐられるでしょう。

石で遊ぶ

丸・三角・四角、様々な形や大きさの石に
たくさん触れてあそびに生かしてみましょう。

自然あそび　風で遊ぶ／石で遊ぶ

恐竜の化石

石を恐竜の化石に見立てあそびが広がりました。

図鑑を参考に、石を並べて恐竜の形を作ります。

発掘した石を選定中！

重ねる

バランスをとりながら積み重ねて遊びます。

何個重ねられるか挑戦中！

投げる

的に向かって投げて遊びます。

ポイント

円の大きさを変えたり、得点を付けたり、子どもたちの姿に応じてゲーム性を高めると盛り上がるでしょう。

絵を描く

石を使って描いたり、石そのものに描いたり、楽しみ方はたくさんあります。

石に描いたケーキ・顔・おにぎり。

石に絵を描きます。

石を使って地面に描きます。

ポイント

石の特徴である硬さや表面の違いなど、たくさん触れて感じましょう。丸い石や平べったい石など、様々な種類があると楽しみ方が広がります。

見て、触って、発見して！ 自然あそび

様々な自然あそび

葉・花・実・枝・風・石以外にも、
音、水、光、雨、虫など、子どもたちの五感を刺激してくれる自然はたくさんあります。

水を感じる

感触を味わったり、地面に描いたり、身近にある水のおもしろさも感じましょう。

水たまりの中に入って、感触を確かめています。

地面が大きなキャンバスに。水で描いては乾かすを繰り返して楽しみます。

音を感じる

耳を澄ませてみると、虫の鳴き声、草花が擦れ合う音など様々な音に気付くでしょう。

森の中で耳を澄ませて。

聴診器で木の音を聴きます。

光を感じる

光の美しさや、光と影のコントラストを楽しみましょう。

段ボールハウスの窓に、クリアフォルダーに描いたステンドグラスを付けて、色のついた影を楽しみます。

雨を感じる

雨を感じられる環境が保育を豊かにしてくれます。

雨が降るとくるくると回る水車。

塩ビ管から雨水が窓ガラスに流れる仕掛け。

ポリ袋をつるして。雨粒が流れる様子や音を楽しむことができます。

自然あそび

様々な自然あそび

木登り

木は自然のアスレチックです。何度も挑戦することで身のこなしも巧みになります。

流木を倒してバランスをとりながら渡ります。

木の上からだからこそ見える景色が！

虫採り

息を潜めて真剣勝負。虫採りやザリガニ釣りを楽しみます！

ポイント
捕まえた生き物は、クラスで大切に飼育してみてもいいでしょう。命の大切さを感じる経験になるはずです。

サツマイモで

実を味わって、ツルを製作に使って、様々な方法で楽しめます。

ツルを使って、リース作り。

「焼き芋、最高！」。

ツルを使って縄跳び。

野菜スタンプ

野菜の断面をスタンプして、美しい模様を楽しみましょう。

タオルなどの布に絵の具を染み込ませ、それをスタンプ台にして野菜の断面に色を付けます。

野菜によって、模様の違いを楽しんでみましょう。

見て、触って、発見して！ 自然あそび

泥団子作り
泥や白砂の違いを感じながら、ピカピカの泥団子を目指します。

白砂をふるいでふるって、きめ細かなさらさらの砂にし、団子にまぶして布切れでピカピカになるまで磨きます。

氷を作る

寒い季節だからできるあそびを楽しみます。

様々な自然物や素材を入れて。

丸いステンレス製の皿に水を入れて戸外で氷を作ります。円形の氷がたくさんできました。

ポイント
地域によって、生息する動植物や発生する自然現象が異なります。それぞれの園や周囲の環境を十分に生かし、保育者も工夫しながら子どもたちの経験へつながるように自然あそびを楽しみましょう。

雪で遊ぶ
冬ならではのあそびを楽しんでみましょう。

雪だるまを作って絵の具で色を付けたり、お絵描きしたりして遊びます。

子どもと一緒にそり滑り。結構スピードが出て、びっくり！

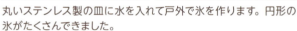

かまくらを作ってみました！

子どもの興味から
始まる！

造形あそび

子どもたちは興味をもったものに主体的に関わり、
その過程の中に深い学びがあります。
素材や道具の置き方などの環境設定を提案します。
実際に子どもたちが行なった造形あそびの事例をもとにご紹介。

子どもの興味から始まる！
造形あそび

造形あそびが豊かに発展する
環境構成と素材・道具の工夫

子どもたちの姿を予測し、どんなことに興味・関心があるのか、そして、どんな経験をさせたいのかを考えて、あそびが豊かに発展する環境構成を考えていきます。
大切なポイントは、①子どもの年齢や発達、興味・関心に合った環境になっているか。②安心して遊べ、生活しやすい空間になっているか。③様々な種類の物や素材、道具などが用意され、ある程度自由に取り出せるようになっているか、などです。
状況に応じて、常に作り変えられるような場（環境の再構成）にしたいものです。そして、子どもが興味をもったあそびの環境を、子どもたちと一緒に作っていく保育を心掛けたいですね。

環境構成のポイント

子どもたちが作りたい物に合わせた「使いたい素材」や「必要な道具」が自由に選択できるように工夫しましょう。

ポイント1　素材や道具は、種類別・用途別にしておく

素材やハサミ・セロハンテープ・のり・色鉛筆などの道具は、種類別・用途別に容器に入れておきます。どこにどの素材や道具を戻せばいいかが明確になるように、容器に写真を貼っておくといいでしょう。子どもが使いやすく、手に取れる状態にしておくことが大切です。

のりとセロハンテープは「貼る」という用途が同じなので、一つのケースに一緒に入れておくと使いやすい。場合によって、接着剤も一緒に入れておく。

写真を貼って、しまう場所を分かりやすく。

ポイント2　仕切りのある容器を使う

仕切りのある容器を使うと、素材別、色別などに分けられ、素材ごとに入れることができて便利です。

長さや場所を自由に変えられる仕切りを入れた容器。

マスキングテープ　ビニールテープ
「テープ」のカテゴリーで収納。
キラキラテープ

製氷器を活用。ビニールテープやリボンを入れるのに便利

ポイント3　細長い物は横にして入れる

割り箸・モール・ストローなどは、立てて入れるよりも横の状態で10本くらいずつ分けて入れておくと、より使いやすくなります。入れ物は、牛乳パックで手作りした物が便利です。

牛乳パック容器の作り方
牛乳パックを縦に半分に切り、更に縦半分に切る。4分の1になった牛乳パックを2つ重ね合わせ、裏からテープで留める。

  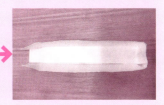

ポイント4　引き出しに収納する

引き出しの中に素材を入れる場合は、中にどんな素材が入っているのかが一目で分かるように、正面に文字や絵、写真を貼っておきます。

ポイント5　棚を有効活用する

既存の棚がある場合は、引き出しを取り除いて木枠を利用してみましょう。また、すのこを組み合わせて作ることもできます。

30cmのすのこ10枚で作成。グルーガンで接着するだけ。

突っ張り棒で補強。結束バンドで留める。

キャスターを付けると棚ごと移動ができる。

フック付きの容器をすのこに引っ掛けて、紙コップ入れにする。

100円ショップのすのこで手作りした棚。
1段目：割り箸・モール・ストロー・ダイズ類
2段目：毛糸
3段目：芯・紙皿
4段目：カラー布テープ
5段目：スズランテープ・ビニールテープ

造形あそび　環境構成と素材・道具の工夫

子どもの興味から始まる！造形あそび

素材・道具の工夫

子どもたちが使いやすいように工夫しましょう。

素材

キラキラテープ

金属的な感じの、きらきら反射する素材のテープ。製作のアクセントなど、幅広く使えます。

カラービニールテープ

ビニール製の粘着テープ。色も豊富で、模様や絵にして製作物の装飾に使ってもすてきです。

スズランテープ

カラフルな色がそろっているので、ポンポン作りに、編んだりお花にしたり、工作素材としても活躍します。

30cmくらいの長さに切って、色ごとにまとめてつるしておくと、使うとき便利です。

毛糸

トイレットペーパーの芯に巻き替えておきます。毛糸が絡まりにくく、使いやすいです。

色画用紙

適度な厚みと丈夫さのある紙。色も豊富で、様々な製作に大活躍します。

色別にクリアファイルに入れておき、立てて収納しておくとかさばらず便利です。

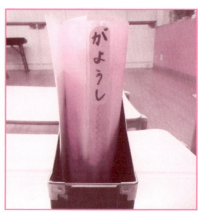

造形あそび

環境構成と素材・道具の工夫

色紙
クリアケースに色ごとに分けて収納しておくと、子どもが取り出しやすくなります。

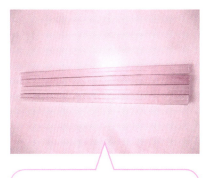

割り箸
木工製作やペープサートの絵人形作りに使えます。たくさんストックしておくと重宝します。

カラーポリ袋
色のバリエーションがあり、衣装作りに活躍します。

袋のままの状態ではなく、切り開いておくと服を作るときに使いやすいです。

空き箱
様々な形状の物をストックしておくことで、製作のアイディアが広がります。

ストロー
カラフルな色や口先が曲がるタイプの物など、たくさん用意しておくと便利です。

1～2cmの長さに切って容器に入れておくと、ひも通しをする製作に使えます。

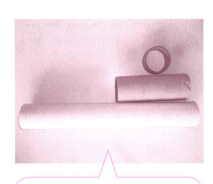

紙芯
ラップやトイレットペーパー、クラフトテープなどの芯は、様々な工作に使えます。

子どもの興味から始まる！造形あそび

米粘土
米粉からできていて、カラーも豊富です。混ぜると色が変わるのも楽しい粘土です。

スパンコール
衣装作りや製作のアクセントに。散らばったり、紛失したりしないように蓋付きの容器に入れておきます。

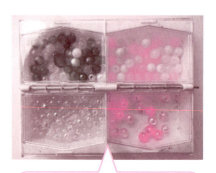

ビーズ
透明のケースに、色や種類ごとに分けて入れておきます。中身が見えると子どもが選びやすくなります。

透明カップ
中が透けて見えるプラスチック製のカップ。プリンやゼリーなどのカップもストックしておくと便利です。

紙カップ
サイズや形状など、いろいろな種類があると便利。そのまま使ったり、切って使ったり、工作の幅が広がります。

紙皿
大小そろえておきます。切ったり、貼ったり、色を塗ったり、製作あそびに活躍します。

モール
細い針金が通っているので、曲げたりねじったり自由自在。草花や人形、動物などの製作に欠かせない素材です。

アズキ／ダイズ
蓋付きの密閉容器に入れて保存しておきます。使う分だけ別の容器に取り出して使います。

アズキやダイズ、米、マカロニなど、粒が小さい物は、別々の容器に入れて取り出しやすいように保存しておきます。

道具

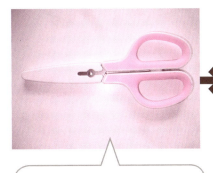

段ボールバサミ
段ボール板など厚くて硬い物がよく切れます。切れ味が鋭いので、取り扱いには十分注意します。

段ボールバサミと幼児用のハサミは分けて入れておきます。使っていないときは、必ずキャップがしまっていることを確認します。また、左利き用のハサミも用意しておきます。

造形あそび　環境構成と素材・道具の工夫

でんぷんのり
色画用紙などの紙質を接着するのに向いています。手に付いても水で洗えば落ちるので、扱いやすいです。

セロハンテープ
透明なセロハンに粘着剤が塗ってあるテープ。カッター台に入れて使うと便利です。

「貼る」という用途が同じ物は、1つのトレーに入れておきます。接着剤も一緒に入れて。片付けやすいように、写真を貼っておきます。

色鉛筆
立てておくと危険なので、横にして。複数のケースに分けておけば、各テーブルに持っていきやすいです。

塗り絵や自由画帳が入っているケースの上に色鉛筆を置いておくと、お絵描きなどするときにすぐに使えて便利です。

ペン類
容器ごとにペンの種類を分けておきます。用途に応じた場所に、そのまま持っていくことができます。

103

切って遊ぶ

ハサミは子どもが紙を切るのに最初に使う道具です。あそびを通して、個別に持ち方・切り方を伝えるようにしましょう。段ボールバサミを使う場合は、初めて使う子でも安心して遊べるように、使い方のポイントと保育者の配慮を紹介します。

素材・道具の工夫とポイント

- キャップのある物を使用し、使用していないときは必ずキャップがしまっていることを確認します。
- 段ボールバサミと幼児用バサミは、別の容器に入れて分けておきます。

段ボールバサミの持ち方

最初は保育者が使い方の手本を見せます。幼児用バサミよりも大きいので、ハサミの持ち方を丁寧に伝えていきましょう。大きい穴の方に親指を入れ、小さい穴の方に残りの4本の指を入れます。

段ボールバサミはよく切れるため、使い方には十分留意し、適した素材のみに使用するよう、子どもたちに伝えていきます。
また、ハサミの経験が少ない子や、ハサミを使うことが得意ではない子にとってはリスクもあります。個々のハサミの経験によって、使い方を考えて配慮する必要があります。
特に心配のある子には、保育者が一対一で段ボールバサミの使い方や持ち方を伝えていきましょう。

補助の仕方

切る場所が分かるように、マーカーなどで印を付けておくといいでしょう。
初めて段ボールバサミを使う際には、保育者が後ろから手を持ち、一緒に切ります。
段ボールが硬いときは、保育者が段ボールを持って支えます。
片手で切るのが大変なときは、もう片方の手を添えて両手で切るようにし、その際は必ず保育者が段ボールを持ち、手を挟まないように留意します。

1 段ボールを直線に切る

直線に沿って、真っすぐ切っていきます。

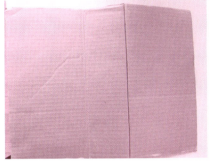

保育者が段ボールを支えます。

2 段ボールを丸く切る

丸く線を描いて、その線に沿って切っていきます。

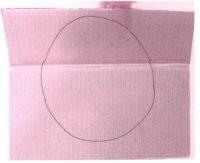

段ボールの向きを変えながら、丸く切れるように支えます。

3 大きな段ボールを切る

直線・曲線に段ボールを切っていきます。

1人で段ボールを切る場合も、保育者が段ボールを持ち、切る方向に応じて段ボールの向きを変えてあげると切りやすくなります。

慣れてくると、友達同士で協力し合う姿も出てきます。

造形あそび　切って遊ぶ

子どもの興味から始まる！
造形あそび

4 段ボール以外の物を切る

爪ようじ・ラップ芯・発泡スチロール板・厚紙・緩衝材は、幼児用バサミで切ることも可能ですが、段ボールバサミを使うと、力を入れずに軽く切ることができます。

爪ようじを切る

ラップ芯を切る

発泡スチロール板を切る

厚紙を切る
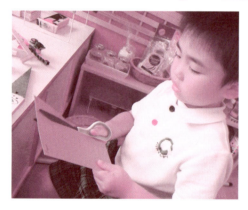

段ボールバサミに適さない素材

リボン・不織布などの布製の素材は切りにくく、時間も掛かります。裁ちバサミを使いましょう。

段ボールバサミで切ったら、切り口がもさもさになってしまったリボン

緩衝材を切る

段ボールバサミの先の方を使い、滑らせるように動かしながら切るのがポイントです。

発展 丸く切った段ボールでタイヤを作りたい！

丸く切った段ボールを「車のタイヤにしたい」と、タイヤ作りが始まりました。

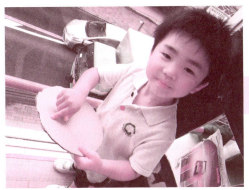

丸く切ったこの段ボールでタイヤを作ります！

油性・水性フェルトペン・ポスターカラーを試した結果、ポスターカラーを選ぶ

タイヤの完成！

他の段ボールで試し描きをし、選択しました。自分で道具を選択するということも大切な経験なので、様々な道具を環境に用意しておきます。

造形あそび／切って遊ぶ

素材・道具の工夫とポイント

- 油性フェルトペン、水性フェルトペン、ポスターカラーをそれぞれ別の入れ物に入れておきます。
- ペン類一式を同じトレーに入れます。片付けをしやすいように、トレーの底に写真を貼ります。

- 容器ごとにペンの種類を分けておくことで、用途に応じた場所に持っていって使うことができます。

衣装を作る

切ったり貼ったりしながら、自分のイメージする衣装を作る楽しさを体験します。

【あそびの始まり】「プリンセスになりたい！」という女の子の思いから、カラーポリ袋を使ったドレス作りが始まりました。

1 カラーポリ袋を準備する

カラーポリ袋を切り開き、1枚の開いた状態にしておきます。子どもができる場合は一緒に行ない、ゴムを通す部分を作ります。

> セロハンテープで留めるのは、子どもが自分で行なえるようにします。

カラーポリ袋を切り開く

上の部分を5cm幅ほど折り、等間隔で洗濯バサミで留めておく

セロハンテープで折り曲げた部分を留める

2 好きな素材を付けて装飾する

カラーポリ袋にキラキラテープやビニールテープなどで飾り付けます。最初はテープで簡単にデザインすることを楽しみます。

ストローを小さく切った素材やハート型のコーンクッションを用意しておくと、更に飾り付けを楽しむことができます。

セロハンテープで留める

コーンクッション・ストロー・キラキラテープ・マスキングテープを付けた物

3 ゴムを通す

長めのゴム通しを用意し、援助しながらゴム通しをします。

素材・道具の工夫とポイント

● ストローは小さく切って、容器に入れておきます。
● コーンクッションは、子どもたちのあそびの様子に応じて、適量出しておきます。仕切って色分けしておくと使いやすいです。

平ゴムとひも通し

自分でできるようになると、友達同士で教え合う姿も生まれます！

一人で頑張ってゴムを通します！

最初は保育者がゴム通しを行ない、見本を見せます。保育者が子どもの手を持って一緒にゴムを通し、ゴムが進んでいく感覚を身につけられるようにします。

造形あそび　衣装を作る

子どもの
興味から始まる！
造形あそび

4 ゴムの両端を結んで完成！

穴にゴムを通します。通したゴムを結ぶのは、保育者が行ないます。子どもが挑戦したい場合は、結び方を伝えながら一緒にやってみましょう。

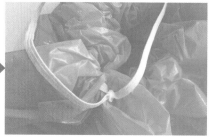

「衣装を作る」環境づくりのポイント

子どもたちの興味のあるドレスやプリンセスの写真を掲示します。子どもたちのドレスが完成したら、その写真を掲示するのもいいですね。

作ったドレスを着て見られるように鏡を置きます。

作っているドレスは個々にハンガーに掛けておきます。また、ハンガーに子どもの顔写真を貼っておくと、子どもたちが自分の服を認識しやすくなります。

5 完成したドレスを友達同士で見せ合う

出来上がったドレスを披露し、作り上げた満足感でいっぱいです。

> ファッションショーを行なうことで、友達から見てもらえる喜びや、自分の作った衣装を認めてもらったり、褒めてもらったりと、達成感が得られます。

> 友達のドレスを見ることで刺激し合い、友達の装飾をまねる姿が見られ、衣装作りに興味のなかった子どもたちも作り始めるきっかけとなります。

造形あそび　衣装を作る

発展　ハロウィンの衣装作りも!

ハロウィンに向けて衣装作りが始まりました。

> 秋頃(9月上旬)からカラーポリ袋やテープなどは、紫や緑、黒などのハロウィンを連想させる色の物を多く用意しておきます。
> 素材もカボチャのガーランドや、ハロウィン柄のリボンを用意しておくと、衣装作りにも熱が入ります。

> ハロウィンの時季になると、男の子も作るように♪

子どもの興味から始まる！
造形あそび

大きな物を作る ❶ 城

みんなで協力し、アイディアを出し合いながら共同制作する楽しさを体験できます。

【あそびの始まり】ドレスが完成すると、ごっこあそびがより楽しめる環境をつくろうと、保育者がお城作りを提案。そこから、段ボールを使ったお城作りが始まりました。

1 大きな段ボールを用意する

段ボールを切って開き、隙間にクラフトテープを貼ります。

全ての隙間にクラフトテープを貼っていく

お気に入りのドレスを着て、近くの薬局に段ボールをもらいに行く

2 窓を作る

好きな形にくりぬいて、お城の窓を作ります。

最初に鉛筆などで好きな形を描き、保育者が最初に少し切り込みを入れてあげると、段ボールバサミを使って、子どもが自分で段ボールをくりぬくことができます。

3 段ボールに色を塗る

絵の具で段ボールに好きな色を塗っていきます。単色で塗ることを楽しんだら、今度は色を混ぜて楽しみます。

> 本来の目的は色を塗ることですが、子どもたちが色を混ぜたり、新たな色を作ったりして楽しむ姿があれば、それをメインに遊ぶことを考えていきます。

単色で段ボールに色を塗る

素材・道具の工夫とポイント

- 絵の具は色が分かるようにキャップ側を奥にして横に並べます。
- 使用するときは、絵の具用バケツ・太めの筆を用意します。
- 絵の具・バケツ・筆は、同じ所に置いておきます。

4 お城の形に組み立てる

布テープで面を貼り合わせ、形にしていきます。

> 子どもたちだけで組み立てるのが難しい場合は、保育者が段ボールを支えるなどして、援助を行ないます。また、使っていくうちに壊れていくことも予想されるため、子どもたちが自分で直して使っていけるような環境も用意します。

造形あそび　大きな物を作る

5 テーブルを作る

お城が完成すると、お城の中でごっこ遊びを楽しむようになりました。遊んでいるうちに子どもたちから「テーブルが必要」という声があがり、段ボールとラップの芯を組み合わせたテーブルを作ることにしました。

丸く切った段ボールに、布テープでラップの芯を4本貼り付けて脚にする

6 お城で遊ぶ

段ボールのみで作っているため移動が簡単で、使わないときには畳んでしまっておくことができます。また、保育室内やホールなど、好きな所に持っていって楽しむこともできます。

7 お城が壊れ始める!

壊れ始めたお城

壊れ始めた原因を子どもたちと一緒に考え、子どもたちから「柱がないから」という声があがり、牛乳パックを使って柱作りを行ない、補強しました。

牛乳パックに新聞紙を詰める

クラフトテープでつなぎ合わせる

牛乳パックを4本つなげて作った柱を、お城の内側4か所に貼り付けてお城を安定させる

大きな物を作る ❷ 電車

【あそびの始まり】電車好きの男の子が、毎日のように電車を見に行く中で、「自分たちが乗れる大きな電車を作りたい」という思いが生まれ、段ボールを使った電車作りが始まりました。

造形あそび

大きな物を作る

1 車体を作る

段ボールバサミを使って段ボールを切り開き、イメージしている電車の色を絵の具で塗ります。

電車の本や写真を用意すると、子どもたちがイメージしている電車の色が再現しやすくなります。

電車の本を見本に絵の具で色を作る

写真を見ながら、塗る部分の色を考える

普段子どもたちが見ている電車の写真

2 デザインにこだわる

電車の写真があることで、色だけではなく、細部のデザインまでこだわりをもって再現しようとします。

電車の写真を見ながら、デザインを考案中！

電車に書いてある漢字やアルファベットをまねて書く

文字を書くときは、小筆を使用します。

115

子どもの興味から始まる！造形あそび

2 つづき

電車の赤いライトを再現するために、光沢のある赤い色紙を両面テープで貼る

> 段ボールの上の部分に数か所穴を開け、テグスを通して天井につるして片付ければ邪魔になりません。

子どもが5～6人程入る大きさの電車

3 座席を作る

牛乳パックに新聞紙を詰めた物を30個作り、イスの形に組み合わせ、布テープで固定します。

リアルな座席を再現するためにフェルトを用意。座席は、フェルトにクラフトテープを輪っか状にした物を付けて貼りました。

4 つり革を作る

突っ張り棒を活用し、電車の中につり革を作ります。突っ張り棒に白い布テープを垂らした状態で両面に貼り合わせ、垂らしたクラフトテープの先にセロハンテープの芯を付けます。

セロハンテープの芯で作ったつり革。リアルです！

5 電車の中で遊ぶ

つり革につかまって、本物の電車に乗っている気分を味わったり、友達と語り合ったり、楽しそうに遊んでいます。
また、電車の中に本物の車内の写真を掲示し、電車関連の絵本なども置いておきました。

様々な電車の写真を掲示

電車関連の本

座席に座って電車について語り合う

造形あそび　大きな物を作る

子どもの
興味から始まる！
造形あそび

ごっこあそび ギョウザ屋さん

子どもの観察力や想像力、演技力、社会性、コミュニケーション力など様々な能力が育まれる「ごっこあそび」。楽しくあそびが広がるようにしましょう。

【あそびの始まり】給食のギョウザがきっかけで、本物のギョウザ作りを行ないました。何度も作っているうちに素材でギョウザを表現するようになり、ギョウザ屋さんごっこが始まりました。

1 ギョウザを作る

ちょうどいい大きさに切った布に、丸めた広告紙をギョウザに見立て、包む動作をまねて包みます。

2 フライパンを作る

アルミ皿に黒の布テープを貼り、段ボールを使って持ち手を作ります。

手で切れないときは、クラフト用ハサミを使います。

真っ黒なフライパンの完成！

3 レジを作る

空き箱に仕切りのあるプラスチック容器を入れて、白の布テープを貼ります。

レジにちょうど良いサイズの箱を発見

ぴったりはまりました！

本物っぽく、白の布テープを貼る

4 冷蔵庫作り

大きな段ボール箱の周りをクラフトテープで貼り合わせ、中に仕切りを作ります。仕切りは、薄めの段ボール板を真ん中にクラフトテープで付けます。形が出来上がったら段ボールに絵の具で色を塗ります。

まずは組み立て

本物のライトを付ける

ライトは子どもたちのアイディア。100円ショップのライトを購入して付けました。冷蔵庫の写真や園にある冷蔵庫を見る機会をつくることで、細部にまでこだわって作ろうとする子どもたちの姿につながりました。

色は、クラスカラーの緑に

青色も取り入れて

段ボールに絵の具で色を塗るときは、太めの筆を使います。

「冷蔵庫の扉が閉まるようにしたい！」という子どもの思いから、扉作りの作業に取り掛かります。ペーパー芯をカラービニールテープでつなぎ合せく棒を作り、冷蔵庫の正面に細長く切った段ボール板を左右に付け、棒が通せる部分を作ります。棒を差し込んで扉が閉まる仕組みです。

棒を通して扉を閉める

ついに冷蔵庫が完成！

造形あそび

ごっこあそび

子どもの興味から始まる！
造形あそび

5 看板作り

文字を書く前に鉛筆で下書きをしてから段ボールに色を塗り、絵の具で文字を書きます。

看板を書くことで、しぜんと文字に触れる経験にもつながります。

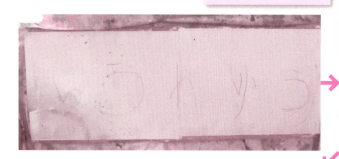

看板の上に穴を開け、スズランテープを通して天井からつるす

今度は布でのれんを作ります。突っ張り棒に通す部分の布はミシンで縫っておき、墨汁で文字を書いて突っ張り棒に通します。

⑥ コンロ作り

初めに保育者が木の板を4枚組み合わせ、接着剤でつなぎ合わせた台を作りました。
絵の具で色を塗って、ごとくの部分はゴム製の素材を使用して作ります。

> ゴムは、自由自在に形が作れるので、便利です。

造形あそび

ごっこあそび

火をイメージして、絵の具で赤く塗る

⑦ 中華テーブル作り

テーブルの板は、段ボールに鉛筆で丸を書いてから、段ボールバサミでを丸く切り取ります。
テーブルの脚は、牛乳パックに新聞紙を詰めた物を2個つなぎ合わせて作り、4つ分用意します。
クラフトテープで脚を付けて出来上がりです。

 →  →

 ←  ←

8 イスを作る

中華テーブルに合わせてイスも作ります。テーブルの脚と同様に、牛乳パックの中に新聞紙を詰めた物を9個用意し、座る部分に6個、背もたれに3個使用して作りました。牛乳パック同士は、クラフトテープを輪っか状にした物で付けてから、さらに表面にもクラフトテープを貼り合わせます。

友達と協力しあって

9 ギョウザ屋さんごっこのはじまり！ はじまり！

ごっこあそびがよりリアルに楽しめるように、帽子などは保育者が作って用意しました。ごっこあそびの棚には、ギョウザの写真や本も置いておきます。

「ギョウザくださーい！」

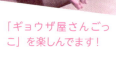

「ギョウザ屋さんごっこ」を楽しんでます！

真剣な表情でギョウザを焼いています！

ギョウザを皿に移して

発展 保護者を交えて本格的なギョウザ屋さんを楽しむ

保育室内にあった「ギョウザ屋さんごっこ」の道具を移動させ、ランチルームにギョウザ屋さんの環境をつくりました。本物のギョウザも作り、進級前の最終日に保護者の方にギョウザを振る舞い、最後に本格的なギョウザ屋さんを楽しみます。

造形あそび
ごっこあそび

ランチルームにギョウザ屋さんをオープン

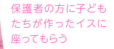

保護者の方に子どもたちが作ったイスに座ってもらう

保護者の方に子どもたちが作ったギョウザを食べてもらう

自分のきょうだいにも振る舞う

子どもの興味から始まる！造形あそび

立体物を作る お菓子

様々な素材を使って、自分のイメージしている物を作り上げていく楽しさを味わえます。

【あそびの始まり】 ケーキを作りたいという思いから粘土や木材を用意し、様々なお菓子やケーキの写真も掲示。子どもたちのお菓子作りが始まり、立体的に表現するようになりました。

1 様々な色付き粘土を用意する

子どもたちがいろいろなお菓子作りを楽しめるように、色付きのお米の粘土やビーズ、型抜きなどを用意します。

用意した素材と道具 お米の粘土／透明粘土／ビーズ／伸びる粘土／ラメペン／クッキー用型抜き／粘土用型抜き

お米の粘土（パステルカラー9色）

透明粘土

伸びる粘土

ラメペン

ビーズ

クッキー用型抜き

粘土用型抜き

「お菓子を作る」環境づくりのポイント①

粘土を子どもが取りやすい所に並べておき、隣に型抜きなどの必要な道具を置きます。
子どもたちが作ったお菓子を並べておく場所も用意します。アルミ皿にレースペーパーを敷いて飾っても。

2 ホイップ粘土で更に楽しく

あそびが発展してきたら、新たな素材としてホイップ粘土を用意します。ホイップ粘土があることで、マカロンやケーキなどの作る物の幅が広がってきます。

ホイップ粘土

本物の生クリームのように絞り出して

ホイップ粘土を使ったケーキの出来上がり！

「お菓子を作る」環境づくりのポイント②

爪ようじは、粘土あそびの様々な場面で活躍します。

粘土に爪ようじを刺してペロペロキャンディーの棒として使います。

型に入れた粘土を取るとき爪ようじが便利です。

本物のお菓子作りの本を用意。お菓子の作り方を見て粘土で再現して楽しみます。

本に載っていたエクレアを再現。

本に載っていたアイシングクッキーを見本に、水晶粘土に爪ようじを刺してペロペロキャンディーを作ります。

造形あそび / 立体物を作る

3 作ったお菓子で楽しむ

ハート型のクッキーの写真を掲示すると、粘土でハートの型をとって周りにビーズを付け、ハートのクッキーを表現して楽しみます。

お米の粘土にビーズをトッピング。周りにホイップ粘土も使っています。お米の粘土が入っていた容器の蓋をお皿に代用しています。

4 木材をケーキに見立てる

素材として置いておいた木材をケーキのスポンジに見立て、ケーキ作りを楽しみます。

用意した素材と道具

木材／ボンボン／ハート型のコーンクッション／貝殻／ポスターカラー／接着剤／ラメペン

コーンクッション

貝殻

素材・道具の工夫とポイント

ボンボン
仕切りのある容器に色別に入れておきます。

接着剤
多用途接着剤が便利。乾くと透明になり、きれいに仕上がります。

ポスターカラー
立てて容器に入れると使いやすいです。

造形あそび

立体物を作る

ボンボンを接着剤で付けてトッピング

ラメペンで飾る

貝殻とラメペンで飾り付けして作ります。

ハート型のコーンクッションを接着剤で付ける

ボンボンとコーンクッションで飾り付けます。

赤いボンボンと白い貝殻を組み合わせて、イチゴのショートケーキに見立てて。

「お菓子を作る」環境づくりのポイント③

ケーキの写真と一緒に、子どもたちが作ったケーキを並べて飾っておきます。完成した物も魅力的に飾っておくことで、他の子どもたちの刺激や見本となります。
1日で完成しない場合があるので、いつでも続きができるような環境が大切です。

子どもの興味から始まる！
造形あそび

発展 お菓子の家作り

木材で作ったケーキと粘土で作ったお菓子で、お菓子の家作りに発展します。

1 段ボールで家を組み立てる

段ボールを切って折って、作りたい家の形に組み立てていきます。

> 友達と協力する姿も見られます。

段ボールバサミで必要な大きさに切る

家の形を考える

段ボールを組み立てて家にする

> 切りづらいときは両手を使います。場合によっては、保育者が段ボールを支えて援助します。

2 お菓子を家に付ける

作っておいたお菓子を家に飾り付けます。

> 友達と一緒に考えることで、すてきなアイディアが生まれることも！

お菓子の家の完成！

粘土で作ったお菓子を接着剤で付ける

お菓子をいっぱい付けました！

みんなで遊ぼう！

伝承あそび

昔から親しまれている楽しいあそびを紹介します。
それぞれのルールや遊び方、作り方を参考にして、
子どもたちと一緒に楽しんでみましょう。
工夫次第で新しいあそびに広がります。

みんなで遊ぼう！伝承あそび

お手玉で遊ぼう

昔ながらの遊び方はもちろん、工夫次第で新たな遊び方が楽しめるお手玉。
子どもの発達年齢に合わせて、工夫してみましょう。

投げてキャッチ

- 片手でお手玉を投げ、同じ手の甲でキャッチ。
- 片手でお手玉を投げ、反対の手の甲でキャッチ。
- 1個ずつお手玉を持ち、同時に投げて両手でキャッチ。いろいろな方法で挑戦しよう。

つかんでキャッチ

床に数個のお手玉を置く。1個のお手玉を持って上に投げ、落ちてくる前に床のお手玉をつかんで、そのまま手の甲でキャッチ。できるだけたくさんのお手玉をつかんでからキャッチできるように頑張ってみよう。

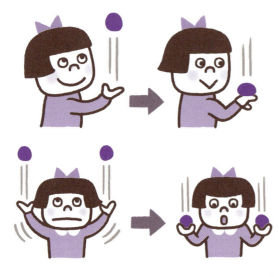

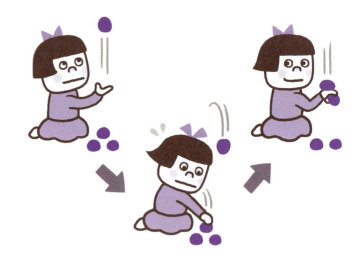

歌に合わせてお手玉渡し

みんなで輪になって座り、1人1個のお手玉を持つ。歌いながら、全員同じタイミングで右隣の子にお手玉を渡していく。『うさぎとかめ』などみんなが知っている歌で、ゆっくりした曲から始めてみよう。

ビー玉・おはじきあそび

昔懐かしいビー玉とおはじきを使って、ゲームを楽しんでみましょう。
単純だけど、白熱すること間違いなし！

ビー玉落とし

床に数個のビー玉を置き、2人で交代しながら、目の高さからビー玉を落として命中させる。ビー玉が飛び散ってもいい広い場所で行なう。

ビー玉当てゲーム

床にテープなどで5㎝四方の枠を作り、3個のビー玉を置く。枠の外から中のビー玉を狙って指ではじき、命中して枠の外に出たらそのまま続け、外したら交代。3〜4人で遊び、ビー玉が全部枠の外に出たらゲームは終わり。

おはじき当て

床におはじきを散らばせておき、2〜5人で遊ぶ。自分のおはじきを1個決めて指ではじき、当たったおはじきをもらう。交代しながら繰り返していき、当てるおはじきがなくなるまで続け、おはじきをいちばん多く取った子の勝ち。

おはじき崩し

おはじきを山のように積み上げて小さめのテーブルに置く。指でおはじきを押さえながら、テーブルの外に落とす。途中で音が鳴ったり山が崩れたりしたら交代。いちばん多くのおはじきを取った子の勝ち。

※子どもが口に入れないように注意しましょう。

みんなで遊ぼう！伝承あそび

やじろべえを作ってみよう

細い棒の先だけで支えられているのに、揺らしても簡単に倒れないって不思議ですね。
身近な素材でやじろべえを作って、楽しんでみましょう。

やじろべえは、なぜ倒れにくい？

やじろべえは、左右の腕の先に付いた重りが支点より下にあるので、やじろべえの重心は支点より下にくる。やじろべえが揺れて重心の位置がずれても、重力に引っ張られて真下に引き戻されるので、傾きが自動的に修復され、倒れにくくなる。

ドングリでやじろべえを作ってみよう！

①　公園などで、ドングリと木の枝を拾い集めておく。ドングリの中にはゾウムシの幼虫がいることがあるので、ドングリを蒸したり煮たりした後、乾燥させて作る。

②　キリを使って、ドングリのお尻に1か所、腕の部分に2か所、棒を刺すための穴を開ける（穴開けは保育者が行なう）。

③　ドングリのお尻に短い枝を、同じくらいの長さの枝を腕の部分に刺す。手の先に穴を開けた重りのドングリを付ける。

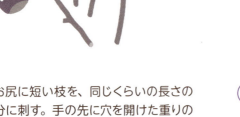

④　指に乗せてみてバランスを調整する。やじろべえの腕に付けたドングリは、真ん中の枝よりも下になるようにする。

楽しい坊主めくり

百人一首を使ったあそびの中で、いちばん親しまれている坊主めくり。
歌を知らなくても、文字が読めなくても、ゲーム感覚で誰でも気軽に楽しめます。

伝承あそび／やじろべえを作ってみよう／楽しい坊主めくり

 遊び方
1. 絵札をよく切って裏返しにして置く（山札）。2つの山に分けると取りやすい。
2. 順番に山札の上から取っていく。取った札は自分の物になり、手元に置く（持ち札）。
3. 山札がなくなって、最後に持ち札が最も多い人が勝ち。

 ルール
自分の引いた札が、
- 男性札の場合、自分の持ち札に。（頭に頭巾をかぶった「蟬丸（せみまる）」という坊主も男性札とする）
- 女性札の場合、自分の持ち札にして、更にもう1枚取る。
- 坊主札を引いたら、持ち札を全て捨てる。

※その他の異なるルール
- 女性札を引いたら、みんなが捨てた札を全部もらえる。

みんなで遊ぼう！伝承あそび

けん玉のコツ

けん玉の大皿に乗せる基本的な技、「大皿」のやり方とコツを紹介します。
「中皿」「小皿」にも挑戦してみましょう。

「大皿」の技に挑戦してみよう！

① ペンを持つように親指と人さし指でけんを挟み、中指と薬指を皿に掛けて持つ（大皿、中皿、小皿など、皿に乗せる技の持ち方）。

② 右手持ちの場合、右足を前に出して腰をやや落とす。けん先は斜め下に向け、へその前あたりで構える。

③ 更に膝を曲げて腰を落とし、すぐに立ち上がりながら玉を真上に胸のあたりまで引き上げる。

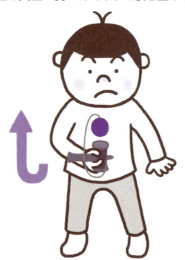

④ 玉が十分に上がったら、玉の真下に大皿を回し込むようにして受ける。このとき玉の衝撃を吸収するように腰を落として、大皿を水平に保つようにする。

成功させるコツ
- 玉を真上に引き上げるようにする。
- 糸がたるんでから、けんを動かす。
- 膝のクッションを利用して、玉の衝撃を和らげる。

紙鉄砲を作って遊ぼう

びっくりするくらい大きな音が出る紙鉄砲。
新聞紙1枚でできるので、たくさん作ってみんなで遊んでみましょう。

伝承あそび

けん玉のコツ／紙鉄砲を作って遊ぼう

作り方 （用意する物：新聞紙1面分）

① 新聞紙を縦半分に折って折り筋を付け、その筋に向かって4つの角を折る。

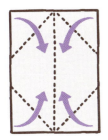

② 上下を折り重ねる。

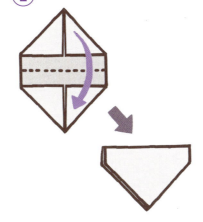

③ 半分に折る。

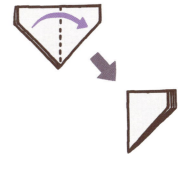

④ 重なった一方を広げながら折る。

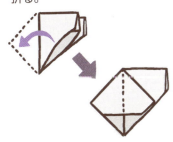

⑤ ④で広げた部分を三角に折る。

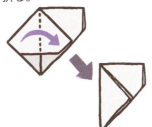

⑥ 反対側も④⑤と同じように折る。

持っ所

遊び方
- ★の所を持って、上から下に向かって思い切り振る。
- 音が鳴って新聞紙が広がったら、④〜⑥のように折り直すと、繰り返し遊べる。
- いちばん大きな音が出た人、早く音が鳴った人が勝ちなど、ルールを決めても楽しめる。

パンッ！

みんなで遊ぼう！伝承あそび

紙トンボで遊ぼう

竹トンボもありますが、厚紙や牛乳パックで作る紙トンボを紹介します。
簡単にできるので、みんなで作って飛ばしてみましょう。

作り方 （用意する物：厚紙または牛乳パック、ストロー）

① 厚紙または牛乳パックを縦2cm、横18〜20cmに切り、中央に印を付ける。

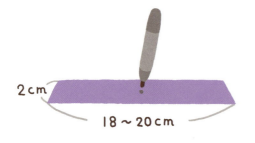

② ストローの先に、1cmくらいの切り込みを入れ、4等分して広げる。

③ 印を付けた所に、ストローの先をホッチキスで留めて出来上がり。

遊び方

ストローを両手の手のひらで挟み、こすり合わせるように回して飛ばす。飛ばすときは周りに人がいないか確認して、人に当たらないように気を付ける。
羽の部分をねじったり、形を変えたりすると飛び方が変わるので、いろいろ試してみよう。

トントン紙ずもう

好きな力士の絵を描いて作ってみましょう。
はっけよーい、のこった、のこった！　勝負です。

伝承あそび

紙トンボで遊ぼう／トントン紙ずもう

力士の作り方　（用意する物：画用紙）

20cm×5cmくらいの画用紙で輪を作り、好きな絵を描いて切り取った力士を貼り付ける。

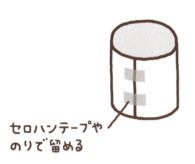

セロハンテープやのりで留める

遊び方

空き箱などを台にして、土俵を描く。2体を向かい合わせ、箱を指でたたいて対決。倒れたり、土俵からはみ出したりしたら負け。

みんなで遊ぼう！伝承あそび

クルクル回るよ風車

色紙とストローでできる簡単風車。クルクルとよく回ります。
たくさん作って風が当たる場所に飾ってもいいですね。

作り方　（用意する物：色紙、曲がるストロー、爪ようじ）

① 色紙を折って対角線に折り筋を付け、中心から1.5cmくらい残し、4本の切れ目を入れる。

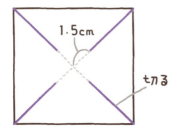

② 中心にのりをつけ、色紙の端を順に貼り付ける。

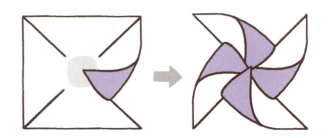

③ のりが乾いたら、中心に爪ようじを刺す。セロハンテープで根元を固定してもOK。

④ ストローを爪ようじに差し込んで、出来上がり。

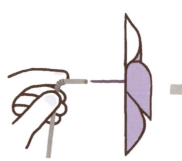
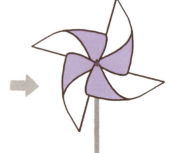

遊び方
ストローを持って走ると、風車が回る。戸外で楽しんでみよう。

親子で作るでんでん太鼓

竹箸をこすり合わせるように回すと、とってもいい音がします。
作り方が少し難しいので、親子活動の行事に取り入れてみてはいかがでしょう。

伝承あそび — クルクル回るよ風車／親子で作るでんでん太鼓

作り方 （用意する物：クラフトテープの芯、和紙、丸竹箸、たこ糸、ビーズ）

① クラフトテープの芯に、千枚通しなどで4か所穴を開け、1か所のみ大きめに開ける。保育者が用意しておく。

② 大きめに開けた穴に竹箸を回しながら差し込み、上の穴に引っ掛けて木工用接着剤で固定する。

③ 横の穴からたこ糸を通し、真ん中の竹箸に2周させてから反対側の穴に通す。

1か所のみ大きめに穴を開ける（丸竹箸を入れる穴）

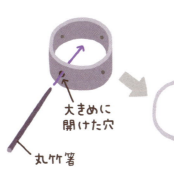
大きめに開けた穴／丸竹箸／木工用接着剤で固定する

たこ糸を穴に通す

④ クラフトテープの芯より1cmくらい大きめに切った和紙の裏にのりを全体につけ、芯を載せる。和紙がピンと張るようにし、反対側も同様に貼り付ける。

⑤ のりがしっかり乾いたら、たこ糸の先にビーズを付ける。

⑥ 太鼓の縁を、色紙や千代紙で飾って出来上がり。

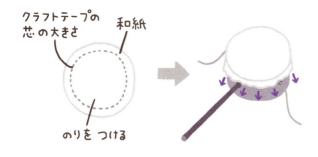
クラフトテープの芯の大きさ／和紙／のりをつける

ビーズ

色紙や千代紙で飾る

みんなで遊ぼう！
伝承あそび

たこ揚げのコツ

1人で、2人でたこ揚げするコツを紹介します。
たこ揚げに適した場所と天候を選んで、トライしてみましょう。

1人でたこを揚げるコツ

① 必ず自分が風上、たこが風下になるように立つ。たこから50㎝～1mくらいの位置で糸を持ち、軽く糸を引いたり力を弱めたりしながら加減し、たこが風に乗る感じをつかむ。

② ある程度の風があれば、そのままの状態でも揚がり、どんどん糸を出していく。あまり風がないときは、走りながら少しずつ糸を出すようにする。

2人でたこを揚げるコツ

① 1人で揚げるときと同じように、たこを持つ人は、風下に立つ。揚げ役の人は風上に立ち、糸をすぐに出せるような状態で待機。2人の距離は5mくらいが良い。

② 声を掛け合って、ゆっくり走り始める。ある程度たこが風を受けるようになったら、持ち役の人は手を離す。たこのバランスを見ながら糸をコントロールする。

成功させるコツ
- 糸を引いたり、緩めたりするときの力加減が大切。
- 2人でうまくいかないときは、距離を変えてみたり、走る速度に変化をつけてみる。
- 少し風がある晴れた日がおすすめ。また、広くて安全な場所で遊ぶ。

羽根突きをしてみよう

1人で遊ぶ「揚羽根」と2人で遊ぶ「追羽根」を紹介します。
何回続けられるか数えたり、みんなで競い合ったりしても楽しいでしょう。

伝承あそび

たこ揚げのコツ／羽根突きをしてみよう

 遊び方1
1. 1人でやる「揚羽根」あそび。羽子板と羽根を1つずつ持つ。
2. 何回落とさずに打ち上げることができるかを競う。

遊び方2
1. 2人で行なう「追羽根」あそび。羽子板をそれぞれ1枚ずつ持ち、2人で向かい合う。
2. どちらかが打ち損なうまで続ける。

みんなで遊ぼう！伝承あそび

こまの回し方

ひもの巻き方、こまの回し方を覚えてみましょう。
コツさえつかめば、きっと、上手に回せるようになります。

こまの回し方 （右利きの場合で説明。左利きの場合は逆の手足。）

① ひもの輪をこまの表側の軸に掛ける。

② ひもをピンと引いて裏に回す。

③ 最初にひもを強く引っ張りながら時計回りに2〜3周、軸にしっかりと巻き付ける。

④ 力を入れすぎないようにして、ひもが重ならないように丁寧に巻いていく。

⑤ 巻き終わったら、指でしっかりひもを押さえたまま、右手に持ち替える。

⑥ 小指、薬指、中指でひもを握ってこまを下から支え、人さし指と親指で挟むようにしてこまを持つ。

⑦ 左足を前に出し、腕を前方に出す。

⑧ 右上後方に振りかぶって、こまを投げ出す。投げるときは肘を伸ばし、肩を中心にして腕を振る。体の前方で腕を止め、人さし指と親指を離す。

簡単！盤面ごま

すぐに作れて簡単に回せるこまを紹介します。
好きな絵を描いて、自分だけのこまを作って遊んでみましょう。

伝承あそび — こまの回し方／簡単！盤面ごま

作り方 （用意する物：CD、ビー玉）

1. CDの盤面にシールを貼ったり、油性フェルトペンで絵を描いたりして模様をつける。

2. ビー玉を表からCDの穴に入れ、セロハンテープで留める。

3. ビー玉が穴にしっかり付くように、セロハンテープを押し付けて固定する。

遊び方

少し触るだけでも回り出すこま。本格的に回したいときは、ビー玉の部分をつまんで回してみよう。

みんなで遊ぼう！伝承あそび

楽しいブンブンごま

糸を引っ張ると、ビュンビュンと音を立てて回るこま。
色の塗り方を工夫すると、見え方が変わって楽しめます。

作り方 （用意する物：厚紙、たこ糸、ストロー）

① 厚紙2枚をのりで貼り合わせ、中心から5㎜離れた所に、千枚通しで2か所穴を開ける。穴は保育者が開けておく。

② 穴にたこ糸を通す。千枚通しの先を使って、穴に糸を押し込むようにするとうまく通せる。

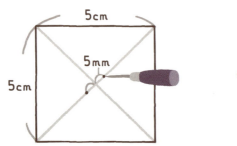

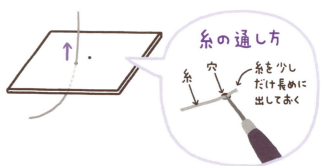

糸の通し方

③ たこ糸を通しながら切ったストローを通し、玉結びしてつなげる。最後にパスや水性絵の具で色を塗って出来上がり。

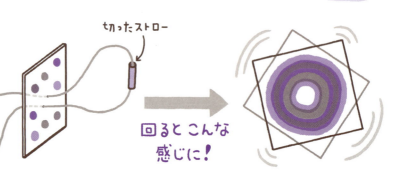

回るとこんな感じに！

遊び方

- ストローを両手で持ち、弾みをつけて引っ張ります。回りだしたら、たこ糸のねじれを増やすのがコツ。
- 回ったら、色を塗った所がどんな風に見えるか見てみましょう。

1年中楽しめる！

手あそび

ちょっとした時間に、子どもとのスキンシップに、
そして生活習慣の習得にも手あそびはとても有効です。
いつでもどこでも楽しめる手あそびを
保育者自身も楽しんで、活用してください。

1年中楽しめる！手あそび

季節・行事の手あそび
春ですよ！ 春ですよ！

作詞・作曲／谷口國博　編曲／植田光子　振付／谷口國博

1番 はるですよ　はるですよ
おはながあたまに　さきました

いち　に　さん

手拍子をする。

両手の指を1本、2本、3本と立てる。

あそびのヒント

春にぴったりの手あそびです。「春はいろんなお花が咲きますね。どんなお花が咲いているかな？」などのことばがけをし、子どもたちに春と花のイメージを湧かせましょう。「今日はみんなの体にお花が咲くかもしれないよ」と言ってから、実際に保育者が手あそびの見本を見せます。頭や耳以外にも、膝やつま先など、歌詞とは違う部分に花を咲かせてみましょう。慣れてきたら、お友達の頭や耳の所でお花を咲かせてみてもいいですね。

③ ぱっ

頭の上で両手をぱっと広げる。

2番

① はるですよ　はるですよ
　おはながおみみに　さきました
1番の①と同じ。

② いち　に　さん
1番の②と同じ。

③ ぱっ

片方の耳のところで両手をぱっと広げる。

3番

① はるですよ　はるですよ
　おはながおくちに　さきました
1番の①と同じ。

② いち　に　さん
1番の②と同じ。

③ ぱっ

口のところで両手をぱっと広げる。

4番

① はるですよ　はるですよ
　おはながおへそに　さきました
1番の①と同じ。

② いち　に　さん
1番の②と同じ。

③ ぱっ

おへそのところで両手をぱっと広げる。

5番

① はるですよ　はるですよ
　おはながおしりに　さきました
1番の①と同じ。

② いち　に　さん
1番の②と同じ。

③ ぱっ

おしりのところで両手をぱっと広げる。

手あそび　季節・行事の手あそび　春ですよ！　春ですよ！

1年中楽しめる！手あそび

＊季節・行事の手あそび＊
あおむしでたよ

作詞・作曲不詳　編曲／植田光子

あそびのヒント

グーとパーを交互に繰り返す手あそび。「とうさん」は親指、「かあさん」は人さし指、「にいさん」は中指、「ねえさん」はくすり指、「あかちゃん」は小指にたとえます。親指から小指まで、指をしっかり動かして遊びましょう。手あそびを始める前に、「キャベツの中からお父さんあおむしが出てきたよ。この指だね」などと保育者が手本を見せ、みんなでまねをして楽しみましょう。

1番

 1 キャベツのなかから　あおむしでた

 2 よ

 3 ピッピッ

左右の手をグーパー、グーパーし、グーとパーのまま両手を合わせる。

グーとグーで合わせる。

右手の親指、左手の親指と1本ずつ出す。

手あそび

季節・行事の手あそび　あおむしでたよ

 4 とうさんあおむし

2番 ～ 5番
④以外は、1番と同じ。

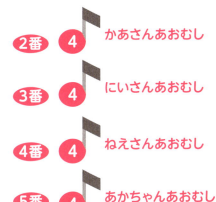

2番 4 かあさんあおむし
3番 4 にいさんあおむし
4番 4 ねえさんあおむし
5番 4 あかちゃんあおむし

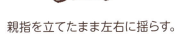

親指を立てたまま左右に揺らす。

それぞれの指を出したまま左右に揺らす。

6番

 1 キャベツのなかから　あおむしでた

 2 よ

 3 ピッピッ

両手を広げる。

1番の①と同じ。

1番の②と同じ。

 4 ちょうちょになりました

親指と親指を重ね、ひらひらさせる。

149

1年中楽しめる！手あそび

＊季節・行事の手あそび＊
おおきなくりのきのしたで

作詞不詳　イギリス民謡　編曲／植田光子

1 おおきなくりの — 頭の上で大きな丸を作る。
2 きの — 両手を頭に当てる。
3 した — 両手を両肩に当てる。

あそびのヒント

誰もが知っている、親しみのある手あそび。クリがおいしい季節にぜひやってみましょう。
1人ずつでもできますが、2人組になって向かい合ったり、円になったりして遊んでもいいですね。リズムに合わせて動作を丁寧にしましょう。異年齢の交流時にもいいですね。

♪ 4 で

両手を下におろす。

♪ 5 あなたと

人さし指で相手を指さす。

♪ 6 わたし

人さし指で自分を指さす。

♪ 7 なか

片手を胸に当てる。

♪ 8 よく

もう一方の手も胸の前で交差させる。

♪ 9 あそびましょう

体を左右に揺らす。

♪ 10 おおきなくりの

①と同じ。

♪ 11 きの

②と同じ。

♪ 12 した

③と同じ。

♪ 13 で

④と同じ。

手あそび

季節・行事の手あそび　おおきなくりのきのしたで

1年中楽しめる！手あそび

✳️ 季節・行事の手あそび

拍手をプレゼント

作詞・作曲／阿部直美　編曲／植田光子　振付／阿部直美

**おたんじょうび　おめでとう
すてきな　はくしゅを　プレゼント**

みんなで手をつなぎ、リズムに合わせて体を揺らす。

**リボンをかけて
プレゼント**

空中で自由にリボンの形を2回描く。

**パチパチパチ　パチパチパチ
パチパチパチパチパチパチ**

曲に合わせて拍手する。

おめでとう

誕生児に向かって、両手をキラキラする。

あそびのヒント

その月の誕生日の子に、みんなで歌ってお祝いしましょう。誕生月の子どもたちを囲むように、手をつないで輪になって歌ってもいいですね。

「パチパチパチ～」と拍手をした後、保育者の合図で「おめでとう」と歌うと盛り上がります。最後は、祝ってくれた友達に感謝の気持ちを伝えましょう。

季節・行事の手あそび
もちつき

わらべうた　編曲／植田光子

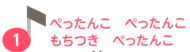

1 ぺったんこ　ぺったんこ
　もちつき　ぺったんこ

パーにした左手を右手のグーでもちをつくようにたたく。

2 それつきかえせ

「♪かえせ」で両手を入れ替える。

3 やれつきかえせ

「♪かえせ」で手を戻す。

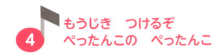

4 もうじき　つけるぞ
　ぺったんこの　ぺったんこ

①と同じ。

あそびのヒント

お正月やお餅を食べる時期に楽しめます。
2人組になって向かい合い、お互い相手の手のひらをぺったんこしてもいいですね。慣れてきたら、右手と左手を逆にして遊んでみましょう。

1年中楽しめる！手あそび

季節・行事の手あそび
鬼のパンツ

作詞不詳　作曲／L.Denza　編曲／植田光子

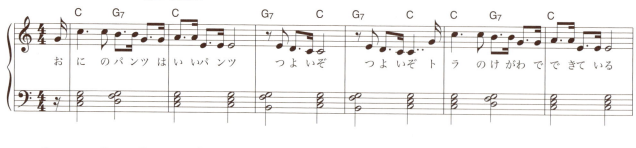
おにのパンツはいいパンツ　つよいぞ　つよいぞ　トラのけがわでできている

つよいぞ　つよいぞ　ごねんはいてもやぶれない　つよいぞ　つよいぞじゅう

ねんはいてもやぶれない　つよいぞ　つよいぞ　はこうはこうおにのパンツ

はこうはこうおにのパンツ　あなたもあなたも　あなたもあなたも　みんなではこうおにのパンツ

あそびのヒント

集会のときや節分の時期に、みんなで楽しんでみましょう。「♪おにのパンツ」は、手で表現しています。「おに」でつのを作り、「パン」で拍手、「ツ」は2本の指を立てて表現。他にもしぐさで表現しているところがたくさんあります。ちょっと速い動作ですが、覚えると楽しい手あそびです。

1年中楽しめる！手あそび

生活の手あそび
みんななかよし

作詞・作曲／田中昭子　編曲／植田光子　振付／田中昭子

（歌詞）
みぎてとひだりて つないだら ぼくーときみーは なか よし
みんなでみんなで つないだら みんなでみんなで つないだら
おおきなおおきな おおきなまるに なりまし た
ぼくらはみんな なか よ し

あそびのヒント

入園後や新学期、週の初めに、友達と仲良くなれる手あそび。大勢でもできる遊びです。

初めは2人組でやってみましょう。慣れるまで、お互い両手をつなぎ、膝を曲げ伸ばししながらリズムをとったり、回ったり、2人で上手にテンポを合わせることから始めてもいいですね。自由にダンスをしてみるのも楽しいです。

また、間奏を入れて2人から4人、4人から8人へと人数を増やしていくと盛り上がります。

手あそび

生活の手あそび　みんななかよし

1 みぎてと

向かい合って、右手を出す。

2 ひだりて　つないだら

左手も出し、両手をつなぐ。

3 ぼくときみはなかよし

膝を曲げる。

4 みんなでみんなで　つないだら

手をつないだまま右に回る。

5 みんなでみんなで　つないだら

左に回る。

6 おおきなおおきな　おおきなまるに

手をつないだまま左右に8回揺らす。

7 なりました

両手を上にあげる。

8 ぼくらはみんな　なかよし

肩を組んで、左右に揺れる。

1年中楽しめる！手あそび

生活の手あそび
はじまるよはじまるよ

作詞・作曲不詳　編曲／植田光子

1番

1 はじまるよ　はじまるよ
はじまるよったら　はじまるよ
左右で3回ずつ手をたたく。これを2回繰り返す。

2 いちと　いちで
片方ずつ人さし指を出す。

3 にんじゃだよ
片方の人さし指を握って、忍者の変身ポーズをとる。

4 「ドローン」
横に振る。

あそびのヒント

みんなで集まって紙芝居や絵本など、話を聞く前に歌ってみましょう。
1番から4番までの最後の掛け声は、子ども自身が考えた動作でもいいですね。

2番

① はじまるよ　はじまるよ
はじまるよったら　はじまるよ

1番の①と同じ。

② にと　にで

片方ずつ2本の指を出す。

③ かにさんだよ

カニのはさみの形で、左右に振る。

④ 「チョキーン」

切るしぐさをする。

3番

① はじまるよ　はじまるよ
はじまるよったら　はじまるよ

1番の①と同じ。

② さんと　さんで

片方ずつ3本の指を出す。

③ ねこのひげ

頬でネコのひげを作る。

④ 「ニャオーン」

招き猫の手をする。

4番

① はじまるよ　はじまるよ
はじまるよったら　はじまるよ

1番の①と同じ。

② よんと　よんで

片方ずつ4本の指を出す。

③ たこのあし

体の前で、ゆらゆらと手を揺らす。

④ 「ヒューン」

横に飛んでいくように振る。

5番

① はじまるよ　はじまるよ
はじまるよったら　はじまるよ

1番の①と同じ。

② ごと　ごで

片方ずつ手を広げて出す。

③ てはおひざ

両手を膝の上に置く。

手あそび　生活の手あそび　はじまるよはじまるよ

生活の手あそび

おべんとうばこのうた

わらべうた

これっ くらい の　おべんと ばこ に　おに ぎり おに ぎり
ちょいと つめ て　きざ ーみ しょう がに　ごましおふっ て
にん じん さん　ごぼ う さん　あな のあい た
れん こん さん　すじ のとおっ た ふ ー き

1 これっくらいの おべんとばこに
両手の人さし指で、お弁当箱の形を2回描く。

2 おにぎりおにぎり
おにぎりを握るしぐさをする。

3 ちょいとつめて
おにぎりをお弁当箱に詰めるしぐさをする。

あそびのヒント

園外保育やお弁当の時間などにぴったりな手あそび。よく知られた歌で、昔から親しまれています。歌いながらおいしそうなお弁当を作ってみましょう。
始める前に「お弁当箱の大きさはどのくらい?」「おかずは何がいいかな?」などど、想像を膨らませながら話し合ってもいいですね。子どもたちの個性が出て楽しい会話になりそうです。

④ きざみしょうがに　左手をまな板に、右手を包丁に見立て、切るしぐさをする。

⑤ ごましおふって　両手でごま塩をふりかけるしぐさをする。

⑥ にんじんさん　両手の人さし指と中指を立て、次にくすり指も立て「3」にする。

⑦ ごぼうさん　両手を開いて「5」にし、次に⑥と同様に「3」にする。

⑧ あなのあいた　人さし指と親指で丸を作った両手を目に当てる。

⑨ れんこんさん　胸の前まで下ろし、⑥と同様に「3」にする。

⑩ すじのとおった　左手で右手首から肩までなで、口までもっていく。

⑪ ふき　左手を口に当てて、ふーっと吹く。

生活の手あそび
はをみがきましょう

作詞・作曲／則武昭彦　編曲／植田光子

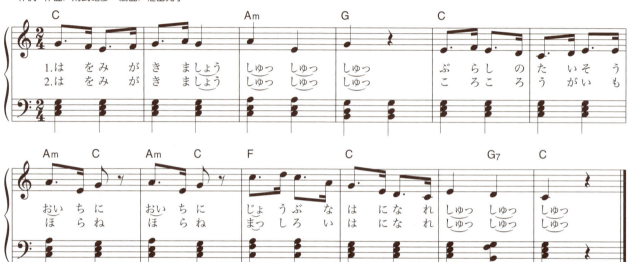

1 はをみがきましょう
手拍子をする。

2 しゅっしゅっしゅっ
片手を上下に動かして、歯を磨くしぐさをする。

3 ぶらしのたいそう
手拍手をする。

4 おいちに おいちに
手を大きく上下させる。

5 じょうぶな はになれ
①と同じ。

6 しゅっしゅっしゅっ
②と同じ。

2番 ①②③⑤⑥は、1番と同様。
④「♪ほらね　ほらね」
首を左右に1回ずつ傾ける。

あそびのヒント

歯磨きの習慣づけや、歯科検診前に遊んでみましょう。指を歯ブラシに見立てて歌います。画用紙などのいろいろな素材で動物の顔と歯ブラシを作ってもいいですね。

歯は、食べたり話したりするのにとても大事なものだということを教え、歯磨きすることが楽しくなるようにしましょう。

生活の手あそび
おえかきうれしいな

作詞・作曲／植田光子

① おえかき おえかき うれしいな　みんなに なにを かくんだろう
　 おえかき おえかき うれしいな　じゅんびは できたよ

② （ハーイ！）

リズミカルに手拍子をしながら、みんなが準備できるまで歌う。

準備ができたら保育者の「できたかな？」のことばがけに、最後はみんなで「ハーイ！ できました！」と答える。

あそびのヒント

お絵描きする前に、きちんと座って描く準備をさせるように促すための歌です。保育者が紙や鉛筆などを渡したり、子どもたちが自分のクレヨンを用意したりするときに歌いましょう。
子どもたちにプレッシャーをかけないように、繰り返し歌います。テンポを変えて歌うと楽しく準備できます。

1年中楽しめる！手あそび

生活の手あそび
出してひっこめて

作詞／二階堂邦子　外国曲　編曲／植田光子

まーえにだして　トン　トン　トン　ひっこめてひっこめて　トン　トン　トン
うーえにうーえに　トン　トン　トン　しーたにしーたに　トン　トン　トン

まーえにだして　トン　トン　トン　ララ　ひっこめてひっこめて　トン　トン　トン
うーえにうーえに　トン　トン　トン　ララ　しーたにしーたに　トン　トン　トン

1番

1 まえに　だして

片手ずつ前に出す。

2 トントントン

3回手をたたく。

3 ひっこめて　ひっこめて

片手ずつ引っ込める。

あそびのヒント

ゲーム感覚で手軽に楽しめる手あそびです。集会など、みんなで並ぶときにこの手あそびを活用しましょう。
「前のお友達とぶつからないかな？」「広すぎないかな？」などとことばがけをします。

♪ ④ トントントン

♪ ⑤ まえに　だして　トントントン
ひっこめて　ひっこめて　トントントン

①〜④を繰り返す。

3回手をたたく。

手あそび

生活の手あそび　出してひっこめて

2番

♪ ① うえに　うえに

片手ずつ上にあげる。

♪ ② トントントン

頭の上で3回手をたたく。

♪ ③ したに　したに

片手ずつ下ろす。

♪ ④ トントントン

下で3回手をたたく。

♪ ⑤ うえに　うえに　トントントン
したに　したに　トントントン

①〜④を繰り返す。

1年中楽しめる！手あそび

いつでも手あそび
トコトコトコちゃん

作詞・作曲／鈴木克枝　編曲／植田光子

① トコトコトコちゃん　さんぽして

右手の人さし指と中指を下に向け、指を足のように自由に動かして歩く。

② バナナふんじゃった

左手の甲を登っていく。

③ ツルン

左手の甲から滑り落ちる。

あそびのヒント

「トコちゃんが散歩をしていると、大変なことが起こりました」などと話してから始めると、子どもたちも興味をもつでしょう。2本の指先でトコちゃんの歩きを表現し、手あそびを楽しみます。トコちゃんの散歩中に、踏んだ物や起こった出来事など、子どもたちと話し合って歌に取り入れてもいいですね。

2番

 ① トコトコトコちゃん　さんぽして

1番の①と同じ動きで、頭に向かって散歩する。

 ② いしにつまずいた

頭を石に見立てて、「♪た」で頭にぶつかる。

 ③ オットー

右手を頭から大きく飛び上がるように離す。

3番

 ① トコトコトコちゃん　さんぽして

1番の①と同じ。

 ② ガムをふんじゃった

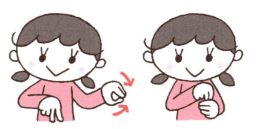

左手の人差し指と中指の2本と親指をつけたり離したりして、「♪た」で右手の2本を挟む。

 ③ ビョヨヨーン

震わせるように動かしながら右手の指を離す。

4番

 ① トコトコトコちゃん　さんぽして

1番の①と同じ。

② いけにおっこちた

左腕を丸めて池を作り、「♪た」で池のふちに止まる。

 ③ バシャン

池の中に落ちてから、這い上がる。

手あそび　いつでも手あそび　トコトコトコちゃん

いつでも手あそび

いっぽんばし にほんばし

作詞／湯浅とんぼ　作曲／中川ひろたか　編曲／植田光子

1. いっぽんばし　いっぽんばし　おやまになっちゃった
2. にほんばし　にほんばし　めがねになっちゃった
3. さんぼんばし　さんぼんばし　くらげになっちゃった
4. よんほんばし　よんほんばし　おひげになっちゃった
5. ごほんばし　ごほんばし　ことりになっちゃった

 いっぽんばし／いっぽんばし

 おやまに／なっちゃった

 にほんばし／にほんばし

 めがねに／なっちゃった

人さし指を片方ずつ出す。

両手の人さし指を合わせる。

2本の指を片方ずつ出す。

2本の指を開いて目につける。

3番 1 さんぼんばし／さんぼんばし　3本の指を片方ずつ出す。

4番 1 よんほんばし／よんほんばし　4本の指を片方ずつ出す。

5番 1 ごほんばし／ごほんばし　5本の指を片方ずつ出す。

2 くらげに　なっちゃった
3本の指を下に向け、ぶらぶらさせる。

2 おひげに　なっちゃった
手のひらを内側にして、4本の指を頬につける。

2 ことりに　なっちゃった
5本の指を広げて、ひらひらさせる。

あそびのヒント

両手の指を使って遊びます。だんだん指の数が増えてきて、いろんな物に変身です。2人組になってお互いにまねをしても楽しいです。また、指と指で何ができるかなど話し合うのもいいですね。

まねてたたきましょう

作詞・作曲・振付／植田光子

まねて　たたきましょう〔ひとつ〕

リズムに乗って歌い、〔　〕で、子どもが好きな数を言う。

2 ハイ〔拍手〕

保育者が「ハイ」と合図をし、〔　〕の数だけかぞえながら拍手する。

3 たたきましょう
みんなで歌う。

リズムに合わせて拍手するあそびです。最初は少ない数から始めましょう。数が多くて拍手が合わないときは、保育者が合図をしてそろうように導いてもいいでしょう。慣れてきたら、多い数を言って拍手をしたり、人数を増やしたりします。みんながそろってうまくできると、喜びと達成感を味わうことができます。保育者も忘れずに褒めるようにしましょう。

手あそび

いつでも手あそび　いっぽんばしにほんばし／まねてたたきましょう

1年中楽しめる！手あそび

いつでも手あそび
おちゃらかホイ

わらべうた　編曲／植田光子

 おちゃ

2人で向かい合い、自分の手のひらを打つ。

 らか

右手で相手の左手を打つ。

あそびのヒント

2人組で楽しむじゃんけん遊び。昔から広く知られたわらべうたなので、敬老の日の集いにもお年寄りと一緒に楽しめるでしょう。慣れてきたら、徐々にスピードアップしていってもおもしろいです。「勝ったポーズ、負けたポーズ、あいこのポーズはどんな表現がいいかな」などと聞いて、子どもたちに考えてもらうのもいいですね。

①②を2回繰り返す。　　　　　　　　　じゃんけんをする。

勝ったらばんざい、負けたら泣くまね、あいこの場合は腕を組む。

①②を繰り返す。　　　　　　　　　　じゃんけんをする。
　　　　　　　　　　　　　　　　　　その後、⑤〜⑦を繰り返していく。

手あそび　いつでも手あそび　おちゃらかホイ

1年中楽しめる！手あそび

いつでも手あそび
お寺のおしょうさん

わらべうた　編曲／植田光子

あそびのヒント

昔から親しまれている手あそびです。敬老の日の集いにもお年寄りと一緒に楽しめるでしょう。

まず2人組になって向かい合い、お互いの右手と右手、左手と左手を合わせることを覚えてもらいます。「右手はどっち？　左手はどっち？」とことばがけをしたり、子どもが身に付けている物で左右を知らせたりしてもいいでしょう。

慣れてきたら、速度を速めて楽しんでもいいですね。

コブタヌキツネコ

作詞・作曲／山本直純　編曲／植田光子

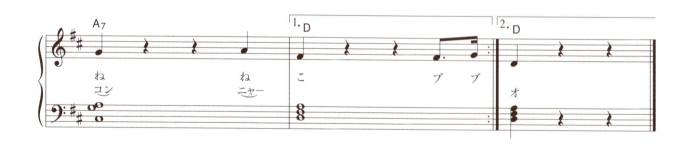

あそびのヒント

よく知られている楽しいしりとりあそび歌。「た」「き」「ね」「こ」強調するなど、しりとりの組み合わせだということを知らせながら歌ってみましょう。
始める前にクイズにしてみましょう。「"こぶた"の最後は"た"ですね。"た"で始まる動物は何かな？　茶色で目の周りが黒いです」などのヒントを出しながら、歌に出てくる動物を当ててみるのもいいですね。

手あそび

いつでも手あそび　コブタヌキツネコ

♪ ① こぶた

人さし指で鼻をあげ、ブタの鼻を作る。

♪ ② たぬき

こぶしでおなかをたたく。

♪ ③ きつね

目尻を指でつり上げる。

♪ ④ ねこ

顔の横と口元にこぶしを当てる。

♪ ⑤ ブブブー

①と同じ。

♪ ⑥ ポンポコポン

②と同じ。

♪ ⑦ コンコン

③と同じ。

♪ ⑧ ニャーオ

④と同じ。

1年中楽しめる！手あそび

いつでも手あそび
のねずみ

作詞不詳　外国曲　編曲／植田光子

片方の人さし指を左右に振りながら出す。
① いっぴきの のねずみが

反対の手も左右に振りながら出す。
② あなぐらに あつまって

両手の人さし指を、上、下と交互に合わせる。
③ チュチュッチュ チュチュチュ チュッチュチュッと

両手を上げ、くるくるさせながら下ろし、後ろに隠す。
② おおさわぎ

①の「♪いっぴきの」を2～5匹と歌詞を変えて増やす。それに合わせて指の本数も増やして②～⑤を繰り返す。

あそびのヒント

「のねずみ」がどんどん増えていくこの手あそびは、子どもたちも大好きです。リズミカルに歌ってみましょう。また、「のねずみ」の他に「のうさぎ」ならピョンピョンピョン、「こいぬ」ならワンワンワン、「ことり」ならチュンチュンチュンなど、いろいろな動物に変えて遊んでみてもいいですね。

季節を感じる！

折り紙あそび

季節ごとの楽しい折り紙がいっぱい！
子どもたちがいつでも楽しめるように、
コピーして保育室に置いておくのもいいですね。
保育者が折って壁面飾りにも活用できます。

季節を感じる 折り紙あそび

おりかたの きごうと やくそく

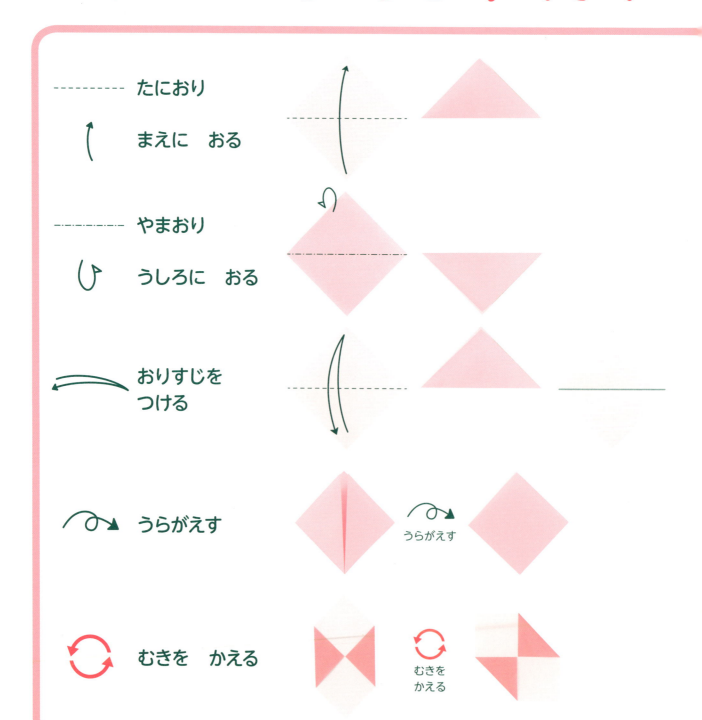

したの　きごうと　おりかたを　おぼえてね。

折り紙あそび
おりかたの　きごうと　やくそく

- いちど　おって　もういちど　おる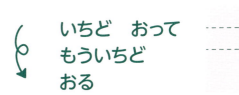

- かいだんおりを　する

- ふくろを　ひらいて　おる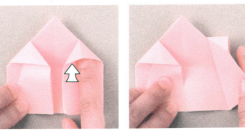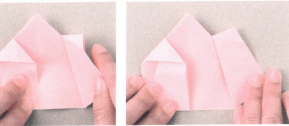

- おなじ　ながさに　する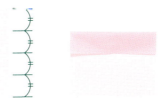

- きる 　→　ずを　おおきくする

チューリップ1

3かい おるだけで
できあがり。
かんたんな
チューリップです。

1 さんかくに おる

2 おりすじを つける

3 りょうはしを うえに おる

できあがり

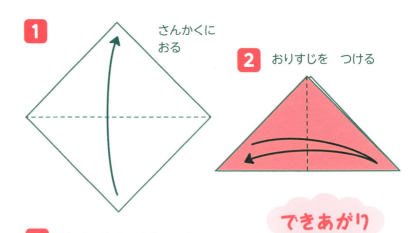

チューリップ2

ほんものの
チューリップみたい！
かみが かさなって
かたくなっても
がんばって おろう。

1 さんかくに おる

2 したに おる

3 うえに おる

4 りょうはしを おる

5 うえに おる

6 うらがえす

できあがり

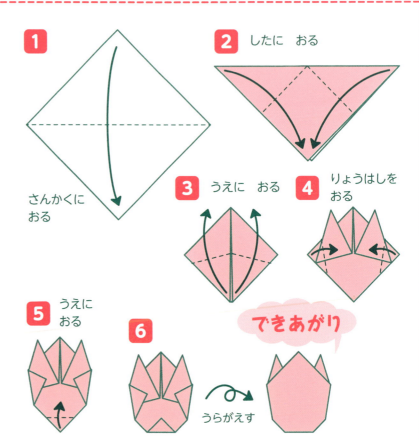

イチゴ

へたの ところが
ようふくの えりみたいで
かわいい かたち。
みんなで おったら
おへやが イチゴばたけに なるよ。

1 たてはんぶんに おって おりすじを つける

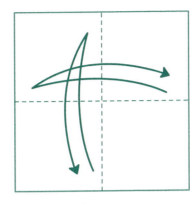

2 りょうがわを まんなかまで おる

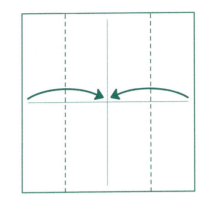

3 はんぶんを うしろに おる

4 したの かどを おる

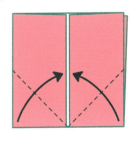

5 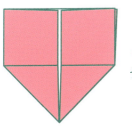 うらがえす

6 えりの ように おる

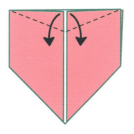

7 うしろに おる

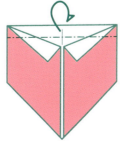

できあがり

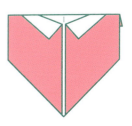

折り紙あそび　チューリップ1／チューリップ2／イチゴ

季節を感じる 折り紙あそび

テントウムシ

ひとつ ひとつの
おりすじを しっかり つけると
きれいに おれます。
めと もようを かいて
できあがり。

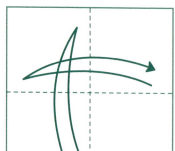

1 たてと よこに おりすじを つける

2 したの かどを おる

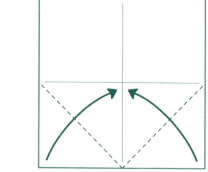

3 うらがわに おる

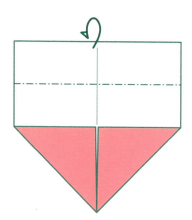

4 ひらいている ところを おさえるように かぶせて おる

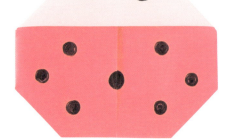

5

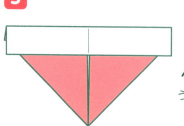

うらがえす

6 りょうがわを まんなかまで おる

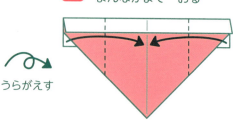

7 うえの かどと したを おる

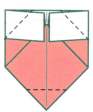

8

うらがえす

めと もようを かいて **できあがり**

こいのぼり

いろの　ところと
しろい　ところが
はんぶんずつの　こいのぼり。
かいたり　はったりして
うろこも　つけよう。

1 たてと　よこに　おりすじを　つける

2 うえを　おりすじまで　おる

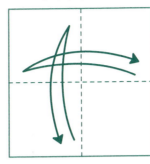
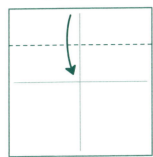

3

うらがえす

4 したを　おりすじまで　おる

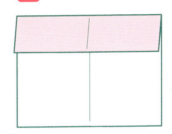
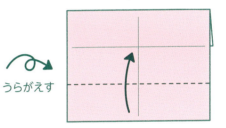

5 まんなかまで　おって　かおを　つくる

6 ひろいほうの　まんなかを　すこし　きる

7 うしろに　おって　しっぽを　つくる

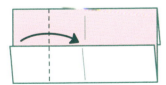

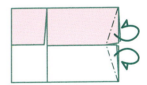

8

はる
まるシール
かく
かく

できあがり

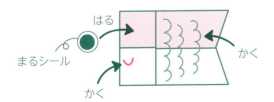
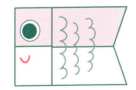

折り紙あそび　テントウムシ／こいのぼり

かぶと

かっこいい かぶとを
おってみよう。
おおきな かみで おると
かぶって あそべるよ。

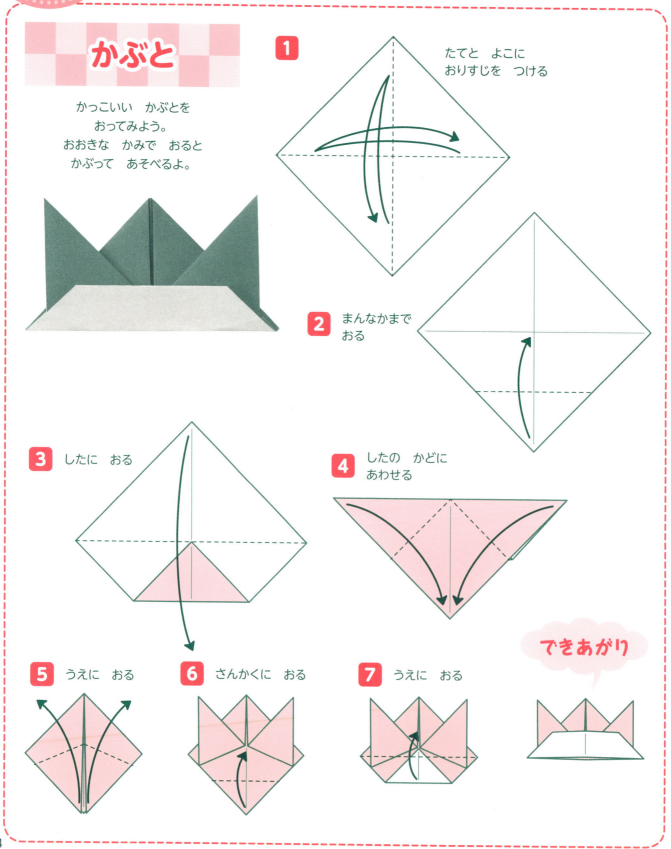

1 たてと よこに おりすじを つける

2 まんなかまで おる

3 したに おる

4 したの かどに あわせる

5 うえに おる

6 さんかくに おる

7 うえに おる

できあがり

アジサイ

いろの ところと しろい ところが
はんぶんずつ みえて きれい。
だいしに はって
かざって みよう。

1 たてと よこに おりすじを つける

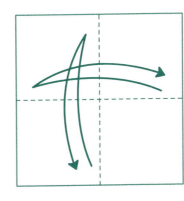

2 まんなかまで おる

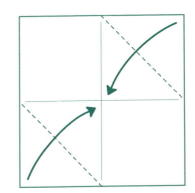

3

うらがえして
むきを
かえる

4 まんなかまで おる

5 まんなかまで おる

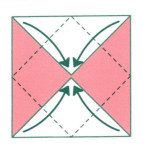

6

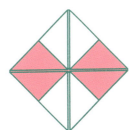

うらがえして
むきを かえる

できあがり

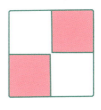

折り紙あそび　かぶと／アジサイ

カタツムリ

からは しろく
おりあがるので
ぐるぐる うずまきを
かいてもいいね。

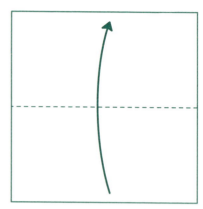

1 はんぶんに おる

2 はんぶんに おる

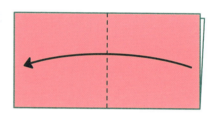

3 ふくろを ひらいて おる

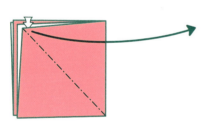

4 うえの かみだけ おる

5 うえの かみだけ さんかくに おる

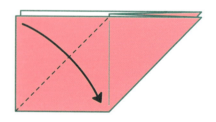

5 さんかくに おる

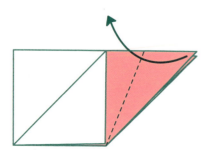

5 まえと うしろに さんかくに おる

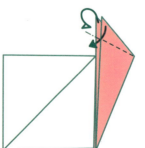

できあがり

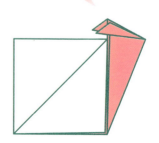

おりひめ・ひこぼし

おおきめの
かおが かわいい
おりひめ・ひこぼし。
たんざくに しても いいね。

1 おりすじを つける

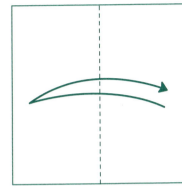

2 おりすじを つける

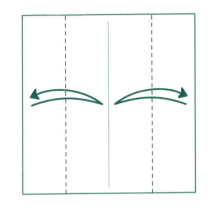

3 うえの かどを おる

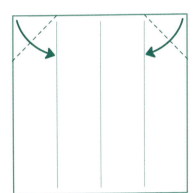

4 まんなかまで おる

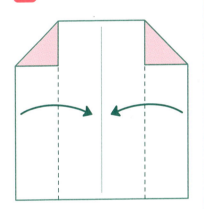

5 うしろに おる

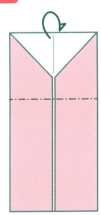

6 ななめに おる

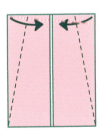

7 ふくろを ひらいて おる

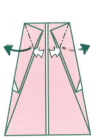

8

うらがえす

かおを かいて
できあがり

折り紙あそび　カタツムリ／おりひめ・ひこぼし

ふね

ほんものの　ふねみたいな
かたちが　かっこいい！
かいだんみたいな
おりかたに　ちゃれんじ　してみよう。

1 はんぶんに おる

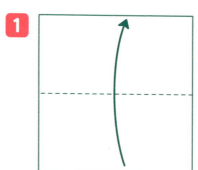

2 おりすじを　つける

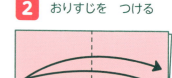

3 まんなかまで　おる

4 ふくろを　ひらいて おる

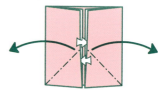

5 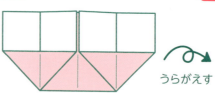 うらがえす

6 うえの　かみだけ　いちど おって　もういちど　おる

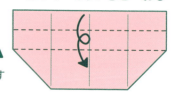

7 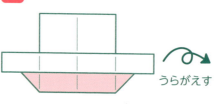 うらがえす

8 かどを　おる

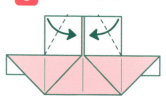

9 ひだりがわを　しかくに みぎがわは　さんかくに　おる

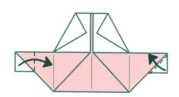

9 かいだんおりを する

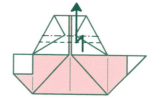 うらがえす

できあがり

きんぎょ

おなかの ところの おりかたで
ぷっくりさんにも
スマートさんにも
おれるのが たのしいよ。

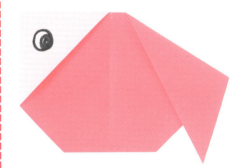

1 たてと よこに おりすじを つける

2 ひだりを まんなかまで おる

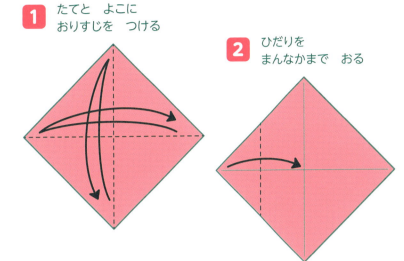

3

4 したに おる

うらがえす

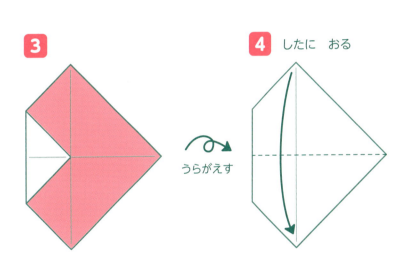

5 うしろに おる

6 かどを したに おる

めを かいて
できあがり

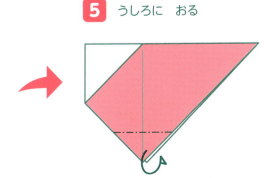

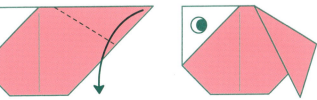

折り紙あそび

ふね／きんぎょ

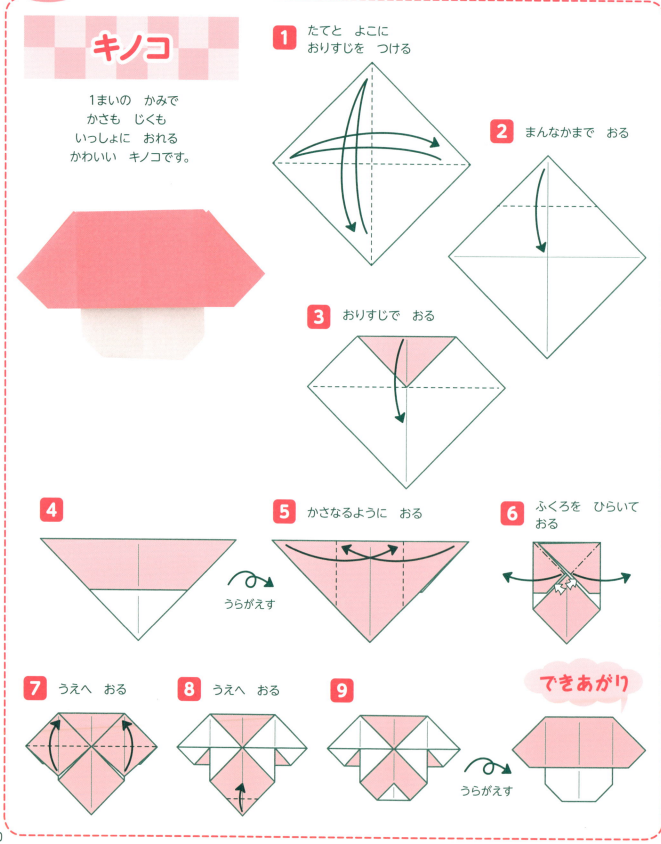

ドングリ

おしゃれな かたちの
ドングリです。
こまかいところは
ていねいに おろうね。

1 たてと よこに おりすじを つける

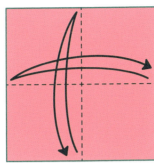

2 まんなかまで おる

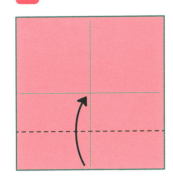

3 まんなかまで おる

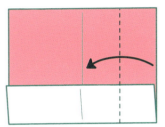

4 おりすじを つける / むきを かえる / うらがえす

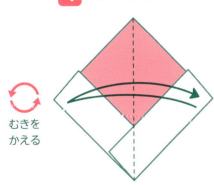

5 うえが とがるように まんなかの せんまで おる

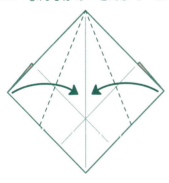

6 したへ おる

7 ななめに おる

8 かいだんおりを する

9

できあがり / うらがえす

折り紙あそび
キノコ／ドングリ

季節を感じる 折り紙あそび

キツネ

ふくろを ひらいて
おりたたむのは
ちょっと むずかしいけど
おぼえておくと べんりだよ。

1 たてと よこに おりすじを つける

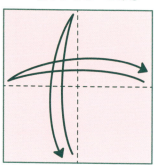

2 まんなかまで おる

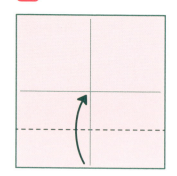

3 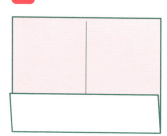 うらがえす

4 まんなかまで おる

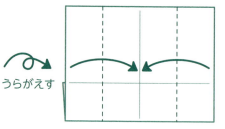

5 ふくろを ひらいて おる

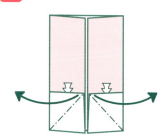

6  うらがえす

7 したに おる

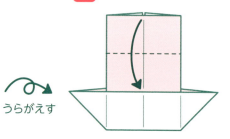

8 ふくろを ひらいて おる

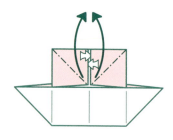

9 まんなかまで おる

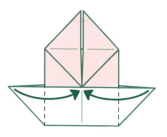

かおを かいて
できあがり

さいふ

おみせやさんごっこで
おかねを いれるのに
ぴったりの さいふ。
すきな いろで おってね。

1 たてと よこに おりすじを つける

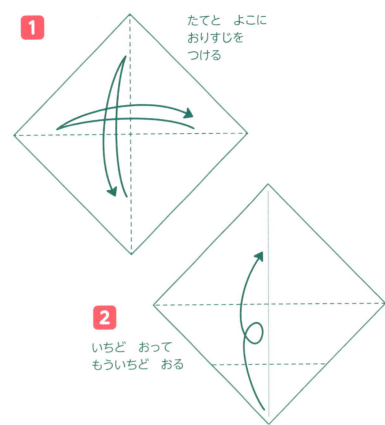

2 いちど おって もういちど おる

3 うえの かみだけ おる

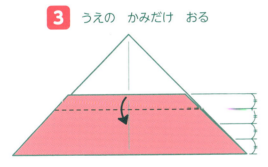

4 うらがわに おる

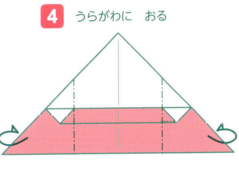

5 したに おる

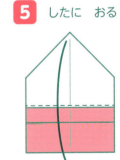

6 うちがわに おる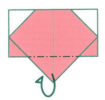

7  うらがえす

8 あいだに さしこむ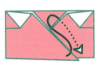

9  うらがえす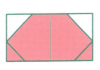

できあがり

折り紙あそび

キツネ／さいふ

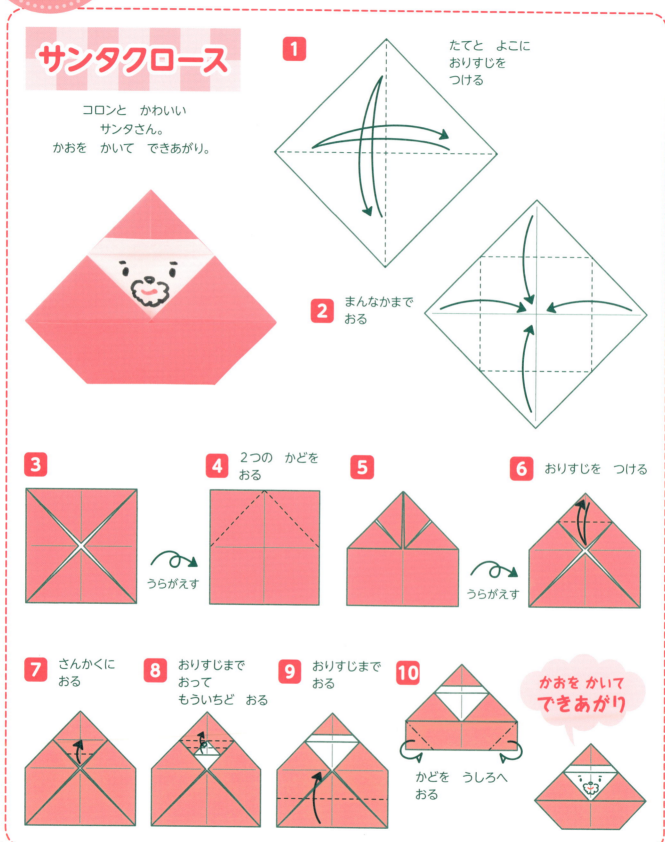

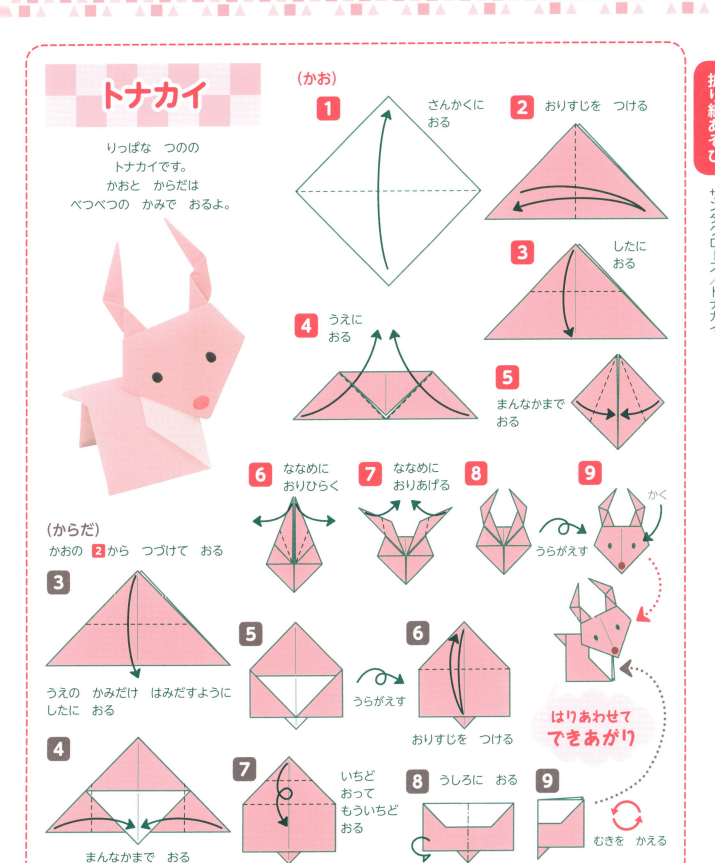

季節を感じる 折り紙あそび

やっこだこ

あたまと あしは
べつの かみを きって
おりあがったものに はります。

1 たてと よこに おりすじを つける

2 まんなかまで おる

3

4 まんなかまで おる
うらがえす

5 ふくろを ひらいて おる

6 うらがえす

7 うえへ おる

8 うえの 1まいだけ かどに おる

9 うしろへ おる

かおと あしを つけて できあがり

いろがようし
かく

おに

2ほんつのの おにさん。
しかくい かおに
いろいろな
ひょうじょうを かこう。

1 さんかくに おる

2 おりすじを つける

3 うえへ おる

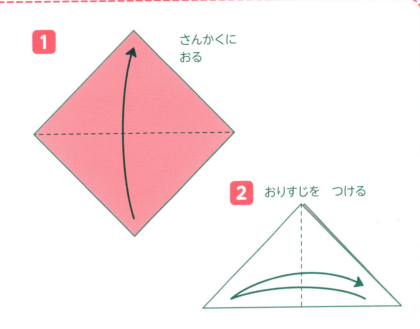

4

5 うえの 1まいだけ したへ おる

6

7 うえと したを おる

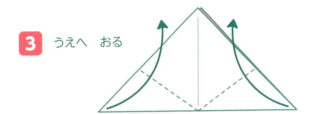

8 よこを おる

9

かおを かいて
できあがり

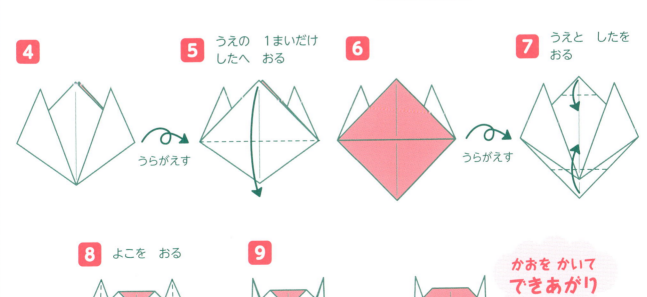

折り紙あそび
やっこだこ／おに

おひなさま1

きものの そでが
かわいい おひなさま。
かみの いろを かえて
おびなと めびなを おってね。

1 たてと よこに おりすじを つける

2 まんなかまで おる

3 もういちど おる

4 りょうがわを おる

5 3の かどを うしろに おる

6 そとがわへ おる

かおを かいて できあがり

おひなさま2

かみの うらの しろが
ちょっとだけ みえる
きものが おしゃれな
おひなさま。

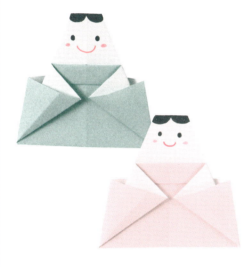

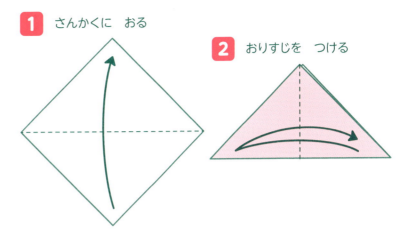

1 さんかくに おる

2 おりすじを つける

3 おりすじに あわせて おる

4 ふくろを ひらいて おる

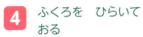
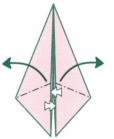

5 うらがえす

6 1まいだけ したへ おる

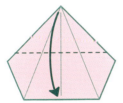

7 うえへ おる

8 もういちど うえへ おる

9 うちがわへ おる

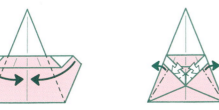

10 ふくろを ひらいて おる

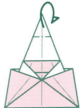

11 うしろへ おる

かおを かいて
できあがり

折り紙あそび　おひなさま1／おひなさま2

サクラ

サクラの はなびら。
5つ おって ならべると
サクラの はなに なりますよ。

1 たてと よこに おりすじを つける

2 まんなかまで おる

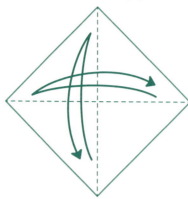
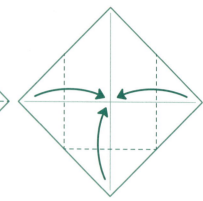

3 うえへ おる

4 はんぶんに おる

5 ふくろを ひらいて おる

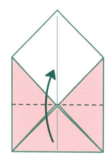
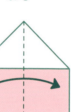
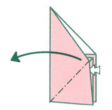

6 うえの かみだけ おる

7 うらがえす

8 はんぶんに おる

9 ふくろを ひらいて おる

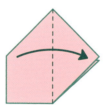
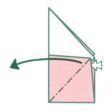

10 うえの かみだけ おる

11 うえの かみだけ うらがわに おる

12 うえの かみを きりとる

13 ななめに おる

かおを かいて できあがり

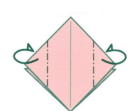

育ててみよう！

飼育・栽培プラン

園で飼育しやすい生き物と、
栽培しやすい野菜や植物を紹介します。
自然への興味・関心が広がり、
子どもたちの心も豊かになるでしょう。

育ててみよう！
飼育・栽培プラン

小さな生き物を飼育してみよう

比較的、園で飼育しやすい生き物を紹介します。
小さな生き物との出会いは、きっと子どもの心を豊かに育ててくれることでしょう。

飼育する保育室の環境設定

蓋付きの透明のケースが飼育に向いています。市販されている物がありますので、有効に活用しましょう。

ケースは子どもの目線に合わせた高さの所に置き、風通しの良い日陰が適しています。飼育している生き物に興味をもったときにすぐ調べられるように、周りに図鑑や絵本を用意しておきましょう。また、虫めがねを数本かごの中に入れておき、いつでも観察できるようにしておきます。

飼育時に配慮したいこと

飼育の決定は全員で
クラスで飼育を始める前に、子どもたち全員と話し合って決めましょう。

世話はみんなで
子どもと保育者が一緒に世話をします。保育者だけで行なわないように、子どもの年齢に合った世話ができるように工夫しましょう。

情報を共有しよう
飼育中の生き物に変化があったときは、クラスみんなに知らせます。卵から赤ちゃんが生まれたうれしいことも、死んでしまった悲しい出来事も伝えます。どうしてそうなったのか、子ども自身が考えられるようにすることが大切です。

保護者にも理解してもらおう
お便りなどで、飼育の様子や生き物の様子を伝え、子どもたちが大切にしていることを理解・支援してもらえるようにしましょう。

年間飼育カリキュラム例

　ここに挙げた生き物を、いつどのように飼育するかは、情報をもとに、世話ができるかどうかを考慮して、子どもたちと一緒に決めていきましょう。

　「生き物の生態を知る」「いのちへの理解と想う心を育てる」「思いやりを育てる」というねらいを踏まえ、準備と飼育活動を計画しましょう。

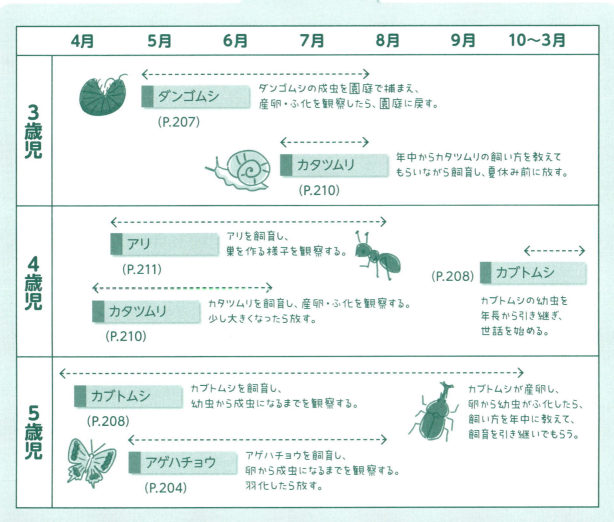

	4月	5月	6月	7月	8月	9月	10～3月
3歳児		ダンゴムシ (P.207)	←------------------→		ダンゴムシの成虫を園庭で捕まえ、産卵・ふ化を観察したら、園庭に戻す。		
				カタツムリ (P.210) ←------→	年中からカタツムリの飼い方を教えてもらいながら飼育し、夏休み前に放す。		
4歳児			アリ (P.211) ←----------→	アリを飼育し、巣を作る様子を観察する。			(P.208) カブトムシ ←------→ カブトムシの幼虫を年長から引き継ぎ、世話を始める。
			カタツムリ (P.210) ←-----------→	カタツムリを飼育し、産卵・ふ化を観察する。少し大きくなったら放す。			
5歳児		カブトムシ (P.208) ←-------------------------→		カブトムシを飼育し、幼虫から成虫になるまでを観察する。		カブトムシが産卵し、卵から幼虫がふ化したら、飼い方を年中に教えて、飼育を引き継いでもらう。
			アゲハチョウ (P.204) ←-----------------→		アゲハチョウを飼育し、卵から成虫になるまでを観察する。羽化したら放す。		

育ててみよう！
飼育・栽培プラン

アゲハチョウ

チョウチョウの中でも大きく、模様もきれいなアゲハチョウ。全国に分布し、里山から民家の周辺まで広範囲で見られ、なじみがあります。
幼虫は、若葉をよく食べるので、こまめに新鮮な若葉を入れましょう。子どもたちには、霧吹きで水を掛ける世話をしてもらうといいでしょう。

観察のポイント

どんな目と口をしている？

成虫は花の蜜を吸う口部が、ストローを巻きつけたようになっているので、その形を観察してみましょう。
幼虫は、左右12個の目をもっているようです。人間と違って、目がたくさんあることを、子どもたちは不思議に思うでしょう。他の生き物と比べたりしながら「おもしろいな」と思えるように関わっていきましょう。

飼育上のポイント

サナギにはハチやハエなどのいろいろな寄生虫が付きます。寄生虫が入らないようにネットを掛け、葉に付いた場合は、ティッシュペーパーで拭くようにしましょう。

モンシロチョウ

全国に分布し、3月～10月頃まで野原や畑、町中の花壇に飛んでいるのをよく見かけるチョウチョウです。
ふ化した幼虫は、緑色食草を食べてアオムシになり、4回脱皮をして3cmほどの大きさになってさなぎとなります。

観察のポイント

卵を産み付けるところを見てみよう

春、園庭に菜の花かキャベツの苗を植えておけば、モンシロチョウがやってきます。卵を産み付けるところを、観察できる確率が高いでしょう。

卵と幼虫を見てみよう

モンシロチョウなどシロチョウ科のチョウチョウは、卵も幼虫も小さいので、虫めがねで観察してみましょう。

飼育上のポイント

幼虫時代に寄生されやすいので、なるべく卵から飼い、ケースの蓋にネットをかぶせるようにしましょう。卵が付いている食草を枯らさないように、水をはった瓶に挿して、鮮度を保つようにします。

チョウチョウ・ガの飼育と環境づくり

ほとんどのチョウチョウとガの仲間は、以下の方法で飼育することができます。

幼虫の食草を瓶に挿す方法

幼虫を見つけたら、その枝ごと持ち帰り、水の入った瓶に挿して育てます。幼虫が水に落ちないように、瓶の口をラップや脱脂綿でふさぎます。

瓶が入る大きなケースに入れ、幼虫に寄生する小型のハチやハエが入らない細かい網目のネットをかぶせておきます。ストッキングでも代用できます。

食草は、1日1回新しい物を多めに入れ、水も毎日取り替えましょう。

ケースの底にペーパータオルを敷いておくと、フンなどの掃除が楽にできます。フンを放置するとカビが生え不衛生になるので、毎日掃除します。

幼虫の食草をケースの底に置く方法

ケースの底に、湿らせたペーパータオルを敷きます。湿り加減は、水に浸した後、絞って水が垂れない程度にします。湿らせたペーパータオルの上に食草を載せ、幼虫を入れます。この方法の場合は、鮮度を保つのが難しいので、朝、晩の1日2回、食草を入れ替えましょう。ペーパータオルも毎日に取り替えます。

この方法の利点は、食草をペーパータオルに置くだけなので、小さめのケースでも飼育できるところです。

蓋については同様に、ハエなどが入らないように工夫しましょう。

テントウムシ

　一般的に赤地に7つの星をもつナナホシテントウがよく知られています。春から秋まで見ることができる身近な虫。テントウムシは葉っぱを食べていると思いがちですが、実際多くのテントウムシは、幼虫の頃からアブラムシ（アリマキ）を食べます。そのためアブラムシの集まる草（カラスノエンドウ、バラ、キク　など）によく生息し、卵も近くに産みます。ナナホシテントウの他、カラフルな模様をもつナミテントウもいます。自分のいのちを守るための警戒色といわれています。

飼育方法

　明るい草むらがテントウムシの住みか。5月の連休明けには、テントウムシのサナギを見つけることができます。サナギを見つけたら草ごと抜いて持ち帰り、水をはった瓶に挿してケースに入れ、網で蓋をしておきましょう。サナギは世話の必要がないので手軽に飼育を始められます。7日ほどで成虫になります。

　幼虫も成虫もアブラムシを食べるので、アブラムシが付いている植物を2、3日に一度入れます。幼虫を飼育する場合は、葉から落ちて水に溺れることがあるので、瓶の口にティッシュペーパーなどを詰めて閉じておきましょう。

観察のポイント

自分の指にはわせて飛ばしてみよう

　テントウムシは噛んだりしないので、たくさん触れてみましょう。上に登っていく習性があるので、手のひらにのせて人さし指を上に上げると、指先まではっていきます。はねをぱっと広げ天に向かって飛んでいく様子を観察することができるでしょう。

テントウムシは臭い！

　黄色い汁の匂いを嗅いでみてください。ツンとくる匂いです。これは関節部から分泌する体液で、この匂いで外敵から自分を守っているんだと、考えるきっかけになります。

死んだふりをするテントウムシ

　捕まえようと触れると、足を引っ込めてひっくり返ることがあります。そのままじっと待つと、また足をばたつかせて起き上がり、歩き始めます。テントウムシの死んだふり作戦。かわいい瞬間です。

羽化を観察しよう

　サナギから7日ほどで脱皮して成虫になります。羽化してから数時間は体が湿っており、模様もありません。その後少しずつはねの模様が浮かび上がっていき、その様子を見るのもおもしろいでしょう。

飼育環境づくり

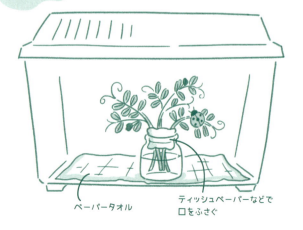

ペーパータオル　　ティッシュペーパーなどで口をふさぐ

ダンゴムシ

名前の通り、団子のように丸くなるのがかわいい、子どもに人気のダンゴムシ。敵から身を守るために丸くなります。森よりも民家や公園など、人の住む所に生息します。じめじめした場所を好み、石の下や植木鉢の裏などで見かけます。噛むこともないので、小さな子どもでも愛着をもって触れることができます。

オスとメスの違いが区別しやすいのも特徴で、背中が黒いのがオス、金色の点模様が付いているのがメスです。

飼育方法

適度な湿り気と食べ物、大きめの石や割れた植木鉢を入れてあげると、その裏に付いて暮らします。食べ物は主に枯れ葉。他には煮干しやキャベツ、ジャガイモ、卵の殻などを与えます。

世話は霧吹きをするだけなので、年齢に応じて飼育・観察しやすく、子どもでも簡単に飼育できます。

飼育環境づくり

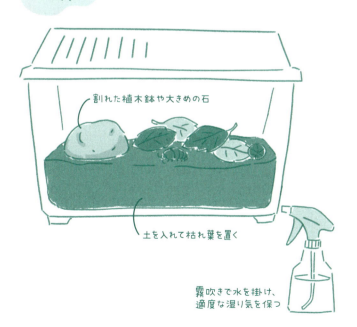

- 割れた植木鉢や大きめの石
- 土を入れて枯れ葉を置く
- 霧吹きで水を掛け、適度な湿り気を保つ

観察のポイント

迷路を作って観察してみよう

ダンゴムシは、分岐路で右または左に進む方向を変えた場合、次の分岐路では前に右に曲がったものは左へ、左に曲がったものは右へと前の回転方向に対し逆方向に転向します。つまり二度続けて同じ方向へは曲がらないという反応をします。アリやゴキブリにも見られる反応です。この反応を利用して、ダンボール板などで作った迷路で実験してみるのもおもしろいです。

ダンゴムシの足は何本ある？

実際は14本ですが、動いたり丸まったりするダンゴムシの足の数をかぞえるのも楽しいです。10本以上数えられない子どももいますが、自分なりに一生懸命数えてみるのもいい経験になります。

枯れ葉を食べる様子を見てみよう

枯れ葉を1枚入れた容器にダンゴムシを数匹入れてみます。数日できれいに枯れ葉が食べられていく様子を見ることができます。写真に撮って変化を観察してみましょう。

いのちを考える

初めは空のケースに入れっぱなしにして、全部死んでしまうことも。「どうして死んでしまったのかな？」と話し合います。虫と関わる姿勢をもつことで、いのちに対しての理解と関心がどんどん深まります。

飼育・栽培プラン　小さな生き物を飼育してみよう　テントウムシ／ダンゴムシ

育ててみよう！飼育・栽培プラン

カブトムシ

オスには立派な角があり、子どもたちに人気の昆虫です。日本には、体の小さいものや、オスにも角がないものなど、全部で4種類のカブトムシが生息しています。

チョウ類などの昆虫と異なり、成虫のカブトムシは飼育しやすいですが、幼虫は常に土の中にもぐり、幼虫も日中は土の中にいることが多いので、観察するのに工夫が必要になります。「観察のポイント」を参考に、カブトムシの土の中の生活も見てみましょう。

成虫の飼育方法

清潔な養土を7～8cmほどの高さになるようにケースの中に入れます。そこへ太めの朽ち木を斜めに立つように入れておきます。養土は常に適度に湿った状態にしておくことが大切です。夏は温度が高すぎると弱るので、風通しの良い日陰に置きます。またコバエが入らないように、ケースにネットを掛けてもよいでしょう。

エサは、カブトムシ用のゼリーをエサ台に入れておきます。スイカやメロンなどは水分が多く栄養価が低いので、与えないほうがいいでしょう。

オス同士はけんかをするので、1ケースに1匹だけ入れ、一緒にメスを2～3匹入れます。

幼虫の飼育方法

メスが卵を産んだ後、成虫のケースと分け、通常より湿り気を多めにした養土でふ化を待ちます。

養土は、ケースの9割程度まで入れます。ケースは頭数に対してゆったりした大きいサイズのものを用意しましょう。冬の間は室温が0度以下にならないように気を付けます。暖かすぎて早く成長してしまわないように、玄関など、暖房が入ってこない場所に置きます。

幼虫は、養土に含まれる木くずを食べています。大きくなったら、朽ち木の破片を足しておきます。またフンが多く見られるようになったら、ふるいにかけてフンを取り出し、養土を足したり、交換したりしましょう。

飼育環境づくり

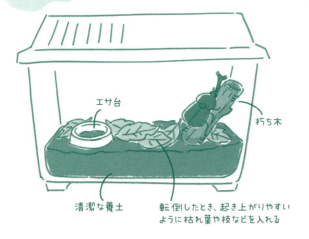

- エサ台
- 朽ち木
- 清潔な養土
- 転倒したとき、起き上がりやすいように枯れ葉や枝などを入れる

飼育環境づくり

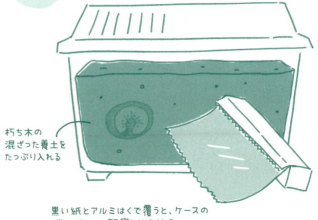

- 朽ち木の混ざった養土をたっぷり入れる
- 黒い紙とアルミはくで覆うと、ケースの端にくるので、観察しやすくなる

観察のポイント

土の中の幼虫を見るために
幼虫は光を避けて土にもぐるので、ケースの養土が入った部分に、黒い紙とその上にアルミはくをかぶせて覆っておきます。すると壁際に寄ってくるので、姿が見やすくなります。覆いは、光が入らないようにぴったり付けておかないと効果がないので、ゴム紐などで上下を押さえるように取りつけましょう。

サナギの様子を見てみよう
サナギになった1つを取り出してケースに入れておくと、姿がよく分かります。羽化はほとんど夜なので、観察するのは難しいですが、羽化した後のしばらくじっとしている様子を観察することができます。

成虫は力持ち！
成虫になったカブトムシを持ってみると、とても軽いことにびっくりします。しかし、とまり木を持ち上げるほど、体は小さいのに力持ちです。ただ、あまり触りすぎると弱ってしまうので、気を付けましょう。

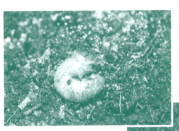
幼虫

サナギ（オス）

飼育上のポイント
養土の湿度管理は、子どもには難しいので、時々保育者が様子を確認しましょう。乾燥していれば霧吹きなどで加湿します。

幼虫に触ってもいいのは、養土を全部交換する10月と4月頃だけ。頻繁に外に出したり、触ったりしないようにしましょう。

樹液に集まってくる

力勝負が始まる

カブトムシの捕獲

カブトムシの成虫は、7月中旬から8月の期間、夜活発に活動します。クヌギやコナラの樹液に集まるカブトムシを捕まえることができます。ただ、暗くなってからの森は危険がたくさんあるので、園児とともに捕獲することは避けましょう。

幼虫は、4月から6月にかけて、落葉樹の朽ちた木の枝や木くず、落ち葉が多く堆積している所を掘ってみると、大きく育った幼虫を見つけることができます。特に雨上がりは、地面近くまで上がってきているので、発見しやすくなります。幼虫を捕獲するときは、傷つけないように軍手をして、そっと掘り出すようにします。

飼育・栽培プラン　小さな生き物を飼育してみよう　カブトムシ

カタツムリ

ゆっくりとした動きと、出したり引っ込めたりする目や角がかわいいカタツムリ。子どもでも簡単に飼育できる初心者向けの生き物です。4月から6月頃に湿気の多い場所で見かけます。雑食で水分の多い野菜はほぼなんでも食べます。

雌雄同体（オスにもメスにもなれる）なので、2匹以上同じケースに入れておくと初夏頃に交尾し、卵を産みます。暑い夏は殻の中に膜を張って閉じこもります（夏眠）。日陰を作ってあげて、観察しましょう。

飼育方法

ケースに湿らせたペーパータオルを敷き、野菜とカルシウム補給のために卵の殻を入れておきます。湿気を保つために毎日霧吹きをしましょう。

産卵させるためには、土が必要です。瓶に5～10cmの土を入れ、2匹以上のカタツムリを入れて飼育します。一度にたくさんの卵を産みます。

カタツムリは、夏眠や越冬が難しいので、梅雨が終わる頃には園庭に放してあげましょう。園庭に植木鉢を逆さまにした物を置いておくと、その中を住みかにすることもあります。

飼育環境づくり

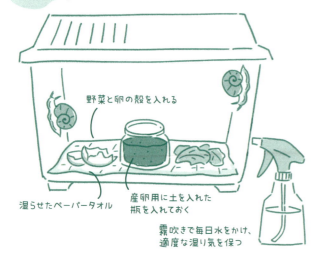

観察のポイント

歯は1万本以上もある！

カタツムリは歯舌と言われる所で擦り潰して食事をします。ケースの壁を歩いているときに、その様子を見ることができます。

器用に歩くカタツムリ

木の枝に乗せて、霧吹きをして待つと、ゆっくり歩きだします。細い木の枝や鉛筆でも、細い所を歩くのが上手。器用に歩く様子を見てみましょう。

触角は再生する！

2対の触角があり、大きい触角の先には目があり、小さい触角で匂いを感知します。触角がとれても100日くらいで再生します。触角がとれたカタツムリを見つけたら、観察してみましょう。

殻をもって生まれてくる

カタツムリは赤ちゃんのときから殻をもって生まれてきます。大人がそのまま小さくなったみたいで、そのかわいさに感動します。ただ、カタツムリの赤ちゃんは、大きく成長させるのが難しいので、赤ちゃんが生まれたら、逃がしてあげた方がいいかもしれません。

アリ

日本には何百種類ものアリが生息していて、大きさや形、食性、家族形態なども様々。ハチなどと同じようにアリには、働きアリ、女王（メス）アリ、オスのアリがいます。働きアリも通常は卵を産まないオスのアリ。家族形態が進化したアリでは、働きアリの一部が兵隊アリとなり、大きな体と牙のようなアゴを持つように変化していきます。

卵から生まれたアリは、大きくなるまで全て成虫に世話をしてもらいます。初めの働きアリたちが育つまで、女王アリが1匹で全て世話をします。

飼育方法

大小の透明のケースを重ね、その隙間に適度に湿らせた土を入れます。こうすることで、どの面も土の厚さが薄くなり、アリが巣を作ると通路が見やすくなります。

アリが小さいケースに落ちないように、ペーパータオルや蓋で塞いでおきましょう。大きいケースの蓋は、エサやりなど以外では常に閉めておきます。アルミはくで覆い、光が入らないように包んで巣ができるのを待ちます。動物性のエサや、アリが好む甘い物を与えます。

観察のポイント

働きアリの仕事を見てみよう

エサをどのように運ぶのか、幼虫や女王アリをどのように世話しているか、働きアリの様子を観察してみましょう。

飼育上のポイント

土は殺菌したものを使いましょう。晴天時、大きなビニールシートに土を広げ、時々かき混ぜながら2時間ほど直射日光を当てます。

湿度不足に弱いので、土全体が湿るようにスポイトなどで水を入れましょう。土が汚れたら、中の巣を壊さないようにその部分を取り除き、殺菌した土を入れておきます。

飼育環境づくり

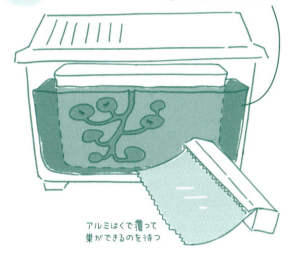

大きなケースに小さなケースを入れ、隙間に湿らせた土を入れる

アルミはくで覆って巣ができるのを待つ

アリの捕獲

アリは社会性のある昆虫。家族で捕まえなければ飼育できません。必ず同じ巣のアリを捕獲しましょう。同種であっても、違う巣のアリを同士を入れるとお互い殺しあってしまいます。

また、捕獲するときは軍手をして、かまれないように気を付けましょう。

飼育・栽培プラン　小さな生き物を飼育してみよう　カタツムリ／アリ

スズムシ

　スズムシは草むらの下など、やや陰湿な場所を好みます。体はスイカの種を大きくしたような形で、黒色。長い触角をもちます。オスはリーンリーンと鳴き、メスに愛情を訴えます。メスが気に入るとオスの背中に乗り、交尾します。飼育下では、交尾が終わるとオスはメスに食べられることが多いです。

　スズムシを飼育する文化は、江戸時代に始まったと言われています。子どもが「秋」を心で感じられるように、ぜひ保育の現場でも飼育して、子どもたちと一緒にスズムシの鳴き声に耳を傾けてみましょう。

飼育方法

　赤玉土や砂をケースの2～3cmの所まで入れ、スズムシがとまれるように、かまぼこの板や小さなベニヤ板を入れておきます。エサにカビが生えないように注意しながら、霧吹きで湿り気を与えましょう。

　エサは少量ずつ毎日与えます。ナスやキュウリを串に刺しておくと長持ちします。雑食性なので、煮干しやかつお節、金魚のエサなども食べます。

　交尾を終えると2mmくらいの卵を産みます。4月末から5月頃にう化して、小さい幼虫が土から出てきます。この時期に乾燥させないように気を付けましょう。

飼育環境づくり

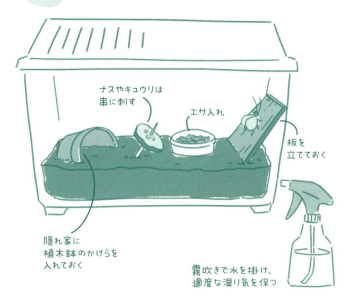

観察のポイント

卵を見つけよう

　細長くて白いので、見つけやすいです。小さなお米みたいで、子どもたちは一生懸命探します。

スズムシの鳴き声を聞いてみよう

　スズムシは夜によく鳴くので、ケースの周りを画用紙などで囲み、暗くしておきます。鳴くのはオスだけ。どんな鳴き声がするか、聞いてみましょう。

はねの形がハート！

　スズムシは鳴くとき、丸いはねを上に上げるので、それがハートの形に見えます。よく観察してみましょう。

飼育上のポイント

　ケースにアリが侵入して、幼虫が食べられてしまうこともあります。できるだけ室内で飼育しましょう。

　スズムシは自然の中で見つけることが難しいので、量販店などで購入して飼育するのもいいでしょう。

園庭に虫を呼び寄せよう

虫を好物で誘ってみましょう。どんな生き物が集まってくるかな？
園庭で実験！　観察して身近な自然体験を楽しんでみましょう。

肉食の虫

マイマイカブリ・ハンミョウなど

瓶にソーセージやササミを入れ、瓶の中に土が入らないように土に埋めておきます。
翌朝、瓶の中にマイマイカブリやハンミョウが入っていることがあります。

木の汁を吸う虫

※子どもが口に入れないように注意しましょう。

カブトムシ・クワガタ・カナブンなど

黒砂糖200g、焼酎200mℓ、酢大さじ2杯の割合でよく混ぜ、木の幹に塗っておきます。

皮をむいたバナナに焼酎を何度も重ねて塗り、発酵させます。ガーゼに包んで木に吊るしておきましょう。

育ててみよう！
飼育・栽培プラン

野菜・植物を栽培してみよう

鉢やプランターで子どもたちと一緒に栽培・観察しやすい野菜や植物を紹介します。
自然への興味・関心が広がり、豊かな感性が育まれることでしょう。

栽培活動で豊かな経験を

栽培活動を通して自然への興味・関心を深めよう

自然は、子どもの健全な成長・発達に欠かすことのできないものです。特に幼児期は、とても柔軟で心が動く時期といわれています。この時期での自然体験がとても重要になってきます。

みんなで植えて、世話をして「わあ、きれい」「いいにおい」「おもしろい」「なんでだろう」といった、様々な感覚や疑問をもつ体験が大切です。

栽培カレンダーを作りみんなに関心をもってもらおう

保護者にも関心をもってもらえるように栽培カレンダーを作って、子どもたちが今どんな栽培活動をしているのか、何を育てているのかを知ってもらいましょう。

子どもたちと話し合い、何を育てていくかを決めて計画し、みんなで栽培カレンダーを作って、目に付きやすい所に掲示しておきましょう。

P.222〜223に「栽培カレンダー」を紹介しています。

キュウリ・トマト

栽培に適した時季
5月中旬に種まきをし、7～8月頃に収穫

用意する物
種（キュウリまたはトマト）／培養土（花・野菜用の土）／鉢（8～10号）
肥料（固形の化成肥料）／鉢底石または網／支柱／ワイヤー

キュウリ　　　トマト

飼育・栽培プラン　野菜・植物を栽培してみよう　キュウリ・トマト

1 種まき

鉢に鉢底石と土を入れ、キュウリは1つの鉢に、深さ1cmの所に1cm間隔で3つの種をまきます。トマトは、鉢の中央に3～5粒の種を、深さ1cmくらいの所にまきます。

2 水やり

鉢は日当たりの良い所に置き、発芽するまで朝と夕方に、種が流れないように優しく水やりをします。

3 間引き

双葉が出たら、元気の良い1本を残して間引きます。この時期の水やりも朝と夕方にします。

4 追肥

5月下旬頃から2～3週間に1回、根元に20粒ほどの肥料をやります。

5 摘花・摘果・収穫

本葉が出た頃、支柱を立てて苗をワイヤーで留めます。生長したら1つの実に必要な葉3～4枚を残して、不要な雌花や果実は取ってしまいます（摘花・摘果）。朝夕たっぷりと水やりをし、7～8月頃に収穫します。

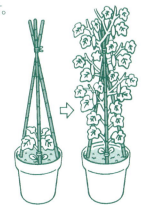

栽培上のポイント

- 葉っぱにじょうろや霧吹きで直接水を掛けるといいでしょう。葉からも水を吸収し、害虫などを洗い流すことにもなって、丈夫に育ちます。
- トマトの種はとても小さいので、なくさないように子どもたちと話し合っておきましょう。
- 固形の肥料は粒が小さめの物を使います。子どもが誤って口に入れる可能性がある場合は、液体肥料を表示通りに薄めて、週1回くらいのペースで与えましょう。

育ててみよう！飼育・栽培プラン

サツマイモ

栽培に適した時季
5月中に植え付けをし、9月下旬〜10月頃に収穫

用意する物
芋苗（サツマイモ、ムラサキイモなどの苗）／培養土（花・野菜用の土）
プランター（大型で深さがある物）／鉢底石または網

❶ 準備
プランターに鉢底石と土を入れます。

❷ 苗植え
苗は寝かせて、茎の半分くらいが土の中に入るように植えます（斜め植え）。植えたらすぐに土が流れないように優しく水をやります。

❸ 水やり
日当たりの良い場所に置き、毎日水やりをしましょう。1週間ほどで苗が根付きます。葉が枯れてしまうこともありますが、徐々に新しい葉が出てきます。

❹ 生長観察・収穫
水やりを続け、生長観察をしながら収穫を持ちます。9月下旬から10月に収穫できます。

ヘチマ

栽培に適した時季
4月下旬〜6月上旬に種まきをし、8月〜9月頃に収穫

用意する物
ヘチマの種／培養土（花・野菜用の土）／鉢（8〜10号）
肥料（固形の化成肥料）／鉢底石または網／支柱

1 種まき・水やり

鉢に鉢底石と土を入れます。深さ2cmくらいの所に2つの種をまいて日当たりのよい場所に置き、毎日水やりをします。

2 間引き・追肥

本葉が出たら、元気な葉を残して間引き、更に本葉が2〜3枚出てきたら、2〜3週間ごとに20粒くらいの肥料を与えます。

3 支柱を立てる

支柱を立ててツルをはわせ、その先をフェンスや棚にはわせます。

4 収穫

8〜9月頃、実が30〜50cmくらいに生長し、硬くなったら収穫します。

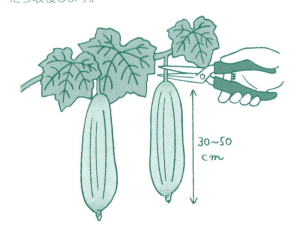

オシロイバナ

🌱 *栽培に適した時季*
4月下旬～6月上旬に種まきをする。花期は7月～11月
花が咲いたら、色水あそびも楽しめる

オシロイバナの種／培養土（花・野菜用の土）
プランター（大）または鉢（8～10号）／鉢底石または網

❶ 種まき（鉢で育てる場合）

鉢に鉢底石と土を入れ、1つの鉢に1粒の種をまきます。

種まき（プランターで育てる場合）

プランターに鉢底石と土を入れ、深さ1cmの所に15cm間隔で種をまきます。

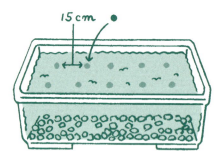

❷ 水やり

1日1回、種が流れないように水やりをします。10日ほどで発芽します。

❸ 開花

7月～11月頃まで、赤・白・黄色・紫などの花が咲きます。1株でも違う色の花が咲くことがあります。午後3時頃から咲き始め、翌朝しぼみます。花が咲いた後に、黒い種ができます。

カブ・ダイコン・ニンジン

🌱 ＊栽培に適した時季＊
10月～11月に種まきをし、2月中旬～3月頃に収穫

用意する物
種／培養土（花・野菜用の土）／プランター（大型で深さがあるもの）
肥料（固形の化成肥料）／鉢底石または網

カブ　ダイコン　ニンジン

❶ 種まき

プランターに鉢底石と土を入れ、深さ1cmの所に10cm間隔で1～2粒ずつ種をまきます。割り箸で10～15cm間を空けて溝を2本つけてもいいでしょう。

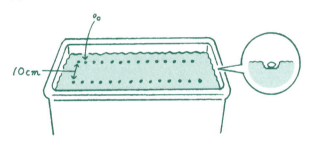

❷ 水やり

日当たりのよい場所に置き、発芽するまで毎日水やりをします。発芽後は、プランターの排水口から水が出るまで、たっぷり与えます。

❸ 間引き・土寄せ・追肥

双葉が出たら、1cm間隔に間引きします。更に元気な本葉を残して2回目の間引きをし、株と株の間が5～6cmになるようにします。いずれも株がぐらつかないように土を寄せておきましょう。2回目の間引き後は、プランター全体に肥料をばらまき、その後3週間に一度くらいの間隔で肥料を与えます。

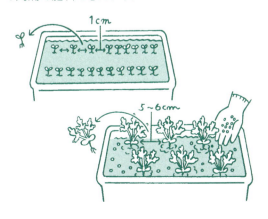

❹ 収穫

2月中旬～3月頃に収穫です。収穫せずにそのまま5月頃まで生長させておくと、花を見ることができます。

栽培上のポイント

- 種をまいた後の水やりは、種が流れないように注意しましょう。
- 種をまいたら害虫が付かないように、虫除けネットをかぶせておくと安心です。
- ニンジンの種はとても小さいので、なくさないように子どもたちと話し合っておきましょう。
種類によって収穫時季が異なりますので、種の袋に書いてある時季を確認しておきましょう。

育ててみよう！
飼育・栽培プラン

ヒヤシンス・クロッカス

＊栽培に適した時季＊
10月下旬〜11月中旬に室内で水栽培を始める

用意する物
球根／水栽培用容器（ヒヤシンス、クロッカスの専用容器）
黒色画用紙

ヒヤシンスの水栽培

クロッカス

❶ 栽培を始める

栽培は、水温が15℃くらいになる10月下旬〜11月中旬に始めます。水栽培用容器に水を入れ、球根を置きます。球根が腐らないように、水は球根の底がちょっとつくくらいにします。

❷ 光を遮断する

直射日光が当たらない窓辺に置き、根が容器の2/3に達するまで、円錐形にした黒色画用紙で、光を遮断します。

❸ 生長観察

根が容器の2/3以上伸びてきたら黒色画用紙を外し、水の量を減らします。毎日生長の様子を観察しましょう。

❹ 花が終わったら

花が終わったら、球根を鉢の中に入れて休眠させます。翌年は花が咲かないことが多いですが、その次の年には、またきれいな花が咲くでしょう。

栽培上のポイント

- きれいな花を咲かせるためにも、球根選びが大切です。できるだけ重く、形がきれいでしっかりした物を選びましょう。割れている物、カビが生えている物は避けます。

食虫植物

＊栽培に適した時季＊
1年中

食虫植物の苗（ハエトリソウ、モウセンゴケ　など）
水ゴケ／植木鉢／植木鉢の受け皿

ハエトリソウ
貝が口を閉じたような形の葉が特徴。カやハエが触れると素早く閉じて虫を捕食し、消化液で溶かして栄養にする。

モウセンゴケ
葉のせん毛から、虫が好む甘い香りやネバネバした液を分泌する。この液に虫がくっつくと、葉とせん毛が虫を包むように曲がり、消化吸収する。

❶ 苗植え

植木鉢に水ゴケを入れ、食虫植物を植えます。湿気を好みますので、水ゴケが乾かないように、受け皿にいつも水が入っている状態にしておきましょう。

❷ 生長観察

株が根付くと、初夏から夏頃に花が咲きます。夏は直射日光を避け、半日陰に置きます。寒さに弱い植物なので、冬は日の当たる窓辺に置きましょう。

ミント

＊栽培に適した時季＊
1年中

ミントの苗（アップルミント、ペパーミント　など）
赤玉土・腐葉土

ミント

❶ 土づくり

園庭の土を掘り起こして柔らかくし、赤玉土と腐葉土を同じ割合で混ぜ込みます。

❷ 苗植え・水やり

苗を植えたら、苗が土になじむまで、毎日水やりをします。冬に入る前に軽くせん定しておくと、次の年にどんどん新芽が出てきます。

育ててみよう！飼育・栽培プラン

年間栽培カレンダー例

模造紙大で作り、子どもたちにも分かりやすいように写真やイラストを取り入れて、表示に工夫して掲示してみましょう。

	4月	5月	6月	7月	8月
キュウリ (P.215)		〈種まき〉		〈花期・収穫期〉 黄色い花（雌花・雄花がある）がつき、受粉後小さなキュウリの実ができ始める。	
トマト (P.215)		〈種まき〉		〈花期・収穫期〉 6月頃から茎や葉に白い毛が生える。小ぶりの黄色い花をつけ、受粉後緑色の実をつける。	
サツマイモ (P.216)		〈苗植え〉 ほとんど根のない状態で植える。		〈花期〉 アサガオに似た花が咲く。	
ヘチマ (P.217)		〈種まき〉 本葉がしっかり育ってくる5月頃から巻きツルが出てくる。		〈花期・収穫期〉 7月頃から鮮やかな黄色の花が咲く。実が硬くなったら収穫する。	
オシロイバナ (P.218)		〈種まき〉		〈花期〉 ピンク・黄色・白など色とりどりの花が咲く。花は夕方〜夜間に開花する。	
カブ・ダイコン (P.219)	〈花期〉				
ニンジン (P.219)		〈花期〉 小さく白い花が集まって咲く。			

ニンジンの花

飼育・栽培プラン

野菜・植物を栽培してみよう　年間栽培カレンダー例

使いたい大きさに拡大コピーして着色し、園の栽培カレンダー作りにご活用ください。

 9月　 10月　 11月　 12月　 1月　 2月　3月

〈収穫期〉
茎は食べられるのでとっておく。
（茎の皮をむき、だしで炊く）

花が終わったら緑色の実ができ、
1週間ほどで黒い種になる。

〈種まき〉

〈種まき〉
1週間ほどで発芽する。
新芽は糸のように細い。

ダイコンの花

〈収穫期〉
収穫せずにそのままにしておくと花が咲く。
花が咲いた後に種ができる。

〈収穫期〉

植物の力を借りて土作り

　園庭の土がグラウンドのように硬くて、植物が育たないということがよくあります。そんな園庭を肥よくな土壌に変えるためには、植物の力を借りるといいでしょう。

　例えばシロツメクサは、やせた土地でもよく育ち、その土を栄養のある土に変えてくれます。これは、シロツメクサの根にある根粒菌が窒素を抱き込み植物の栄養になるからです。他に同じ働きをする植物では、レンゲソウ、アカツメクサなどのマメ科の植物があります。

　特に荒地などにいち早く生えてくるヤマモモ、ハンノキ、グミなどは、葉にも窒素分が多く含まれているため、落葉することで土に栄養を与えてくれます。

シロツメクサを育てよう

日当たりのよい樹木の周りなどの土をよく耕し、そこにまんべんなくシロツメクサの種をまいて土を少しかぶせ、毎日水やりをします。夏が終わるとシロツメクサは枯れてしまいますが、その土壌は栄養のある土に変わっていますので、他の草がしぜんと生えてよく育つようになります。

落ち葉で土に栄養を

園庭の落ち葉は、木の根元や植物が育ってほしい場所にまいておきましょう。落ち葉が腐ってくるとダンゴムシやミミズなどが食べ、それらのフンが微生物によって分解され、土になっていきます。

子どもと一緒に害虫駆除

　栽培の過程で、植物にいろいろな虫が付いて悩まされることがあります。殺虫剤を使わずに、子どもと一緒にできる害虫駆除をしてみましょう。

牛乳を使ってアブラムシを退治

野菜などの苗にアブラムシが付いてしまったときに有効です。牛乳を水で3倍くらいに薄め、霧吹きの容器に入れます。これをアブラムシが付いている所に吹き掛けます。数日でアブラムシが付かなくなります。

定期的にナメクジを退治しよう

出たばかりの芽をナメクジに食べられてしまうことがあります。特に、植木鉢やプランター栽培の場合、底の裏にナメクジが隠れていることが多いです。時々、鉢やプランターを持ち上げて底を確認し、子どもたちとナメクジを定期的に取り除くようにします。ピンセットや割り箸を使うといいでしょう。

子どもたちに伝えよう！

行事の由来

七夕や節分などの行事は、いつ、何から起こり
どのように現在まで伝わってきたのでしょう。
まず、保育者が正しく知って、
やさしい言葉で子どもたちに伝えていきたいですね。

子どもたちに伝えよう！
行事の由来

こどもの日

　5月5日のこどもの日は、「端午の節句」とも言われ、子どもの成長をお祝いする日です。もともとは男の子をお祝いする日でした。
　1948年に、5月5日が「こどもの人格を重んじこどもの幸福をはかるとともに、母に感謝する」国民の祝日と定められ、男の子のためのお祝いだったものが、子どもたちみんなをお祝いするようになりました。子どもだけのお祝いではなく「母に感謝する」という意味もあったのですね。

「かぶと」や「こいのぼり」を飾るのはなぜ？

　かぶとやよろいは昔、体を守るために使われていました。「災いから身を守る」という意味合いから、子どもの身を守って健やかに育つことを祈願して飾られるようになったそうです。
　また、こいのぼりを飾るのは、滝をも登る強いコイのようにたくましく育ってほしいという願いが込められています。

どうしてかしわもちを食べるの？

　カシワの葉でお餅を包んだものが「かしわもち」。カシワの葉は、新芽が出るまで落ちないことから、「家系が絶えない」と縁起物として扱われました。江戸時代から端午の節句に食べる習慣が根付いたと言われています。

なぜ菖蒲湯に入るの？

　ショウブの葉は香りが強いため、病気や悪いものを追い払ってくれるとされています。ずっと昔からショウブの葉を入れたお湯につかるといいと考えられていたようです。子どもが病気をしないで元気に育つよう願いを込めて菖蒲湯に入るようになったのですね。

七夕

　7月7日の七夕は、ササの葉に願い事を書いた短冊を飾ったり、織姫と彦星の話を聞いたり、子どもたちにとっても楽しみにしているイベントです。ササに願い事を書いて飾るのは、日本独自の文化。地域によっても様々なイベントがあるようです。

どうして「たなばた」っていうの？

　七夕の由来は諸説ありますが、着物を織る機械が「棚機（たなばた）」と呼ばれており、いつしか「七夕」に変わっていったようです。

ササに短冊を飾るのはなぜ？

　ササは、天に向かって生長し、サラサラと音を出します。この音が先祖の霊を呼ぶとされ、ササは神聖なものと言われています。天や先祖に願いが届きますようにと、ササに短冊を飾るようになったのですね。

織姫と彦星の伝説

　織姫は着物を織る仕事をしている美しい女性でした。父である天の神様が、天の川の岸で牛飼いをしている働き者の彦星と引き合わせ、2人は結婚しました。

　しかし2人は遊んでばかりで働かなくなってしまい、人々の着物もボロボロになり、牛も病気になり、みんなが神様のところに文句を言いに来ました。

　怒った神様は2人を天の川の両岸に引き離し、織姫と彦星は離れ離れになってしまいました。織姫は悲しみのあまり毎日泣いてばかり。そんな姿を見た神様はかわいそうに思い、1年に1度、7月7日の夜だけは彦星と会うことを許したのです。それから2人は会える日を楽しみに一生懸命働きました。

　ようやく2人が会える日が来ました。しかし、水かさが上がった天の川を渡ることができません。そこに、どこからともなくカササギが現れて、天の川に橋をかけてくれました。

　今でも織姫と彦星は、毎年その橋を渡って再会し、愛を確かめ合っています。

子どもたちに伝えよう！行事の由来

敬老の日

　敬老の日は、毎年9月の第3月曜日。兵庫県多可郡野間谷村（現在の多可町）で行なわれていた敬老行事「としよりの日」が始まりとされています。
　のちに「敬老の日」と改称され、9月15日が国民の祝日として制定されました。2003年以降、第3月曜日に日付が変更され現在に至っています。

「敬老の日」の意義

　敬老の日は、「多年にわたり社会につくしてきた老人を敬愛し、長寿を祝う」とされています。目上の人を敬う気持ちを日頃から大切にしたいですね。

何歳からお祝いするの？

　国連の世界保健機関（WHO）の定義では、65歳以上の人のことを「高齢者」としているので、一般的に65歳以上の人が該当するようです。しかし、当人の気持ち的な部分も大きく、老人と捉えられることに抵抗がある人が多いのも現状です。年齢に線引きせず、孫から祖父母へ、「おめでとう、ありがとう」の気持ちを伝えることが大事なのかもしれませんね。

敬老の日には何をする？

　日頃の感謝の気持ちとこれからの長寿を願って、贈り物をしたり、食事をしたりしてお祝いするのが、一般的なようです。
　園ではぜひ世代間交流の場を設け、お年寄りと一緒に手あそびしたり、歌をうたったりしてみませんか。子どもにとってもお年寄りと関わることは、社会性や思いやりの心を養うことにつながります。過ごす時間、子どもの人数、触れ合い方など、保育者がお年寄りに配慮する気持ちをもって交流するようにしましょう。

お月見

　旧暦の8月15日頃は、1年で最も明るく美しい満月が見られることから「中秋の名月」と言われます。秋の収穫時期とも重なることから、豊作を祈る収穫祭として親しまれ、新暦の現在でもお月見の風習として残っています。

十五夜とは?

　「十五夜」とは、本来満月のことで、新月から満月になるまでに約15日かかることから「十五夜」と呼ぶようになりました。

月見団子を供える意味は?

　昔、欠けても満ちる月を「生や不死の象徴」と捉え、月と同じく丸い団子を食べると健康と幸福が得られると考えられていました。団子を供えるときは、三方に載せるのが正式なお供え。三方がないときは半紙を敷きます。

ススキを飾る意味は?

　ススキは稲穂の代わりとして飾ります。子孫繁栄や豊作を見守ってくれる月の神様がおりてきてススキに乗り移ると考えられていました。

　ススキも含め、秋の七草(ハギ・キキョウ・クズ・ナデシコ・オバナ(ススキ)・オミナエシ・フジバカマ)も花瓶に入れて飾ります。

　月が見える縁側や窓辺に、月見団子やサトイモ、エダマメ、季節の果物などを供え、秋の七草を飾って月を観賞します。

夏至・冬至

子どもたちに伝えよう！行事の由来

1年で最も昼の時間（日の出から日没まで）が長いのが「夏至」、1年で最も昼の時間が短いのが「冬至」。夏至は太陽の位置が最も高く、冬至はその逆です。こうした太陽の様子から、夏至は太陽の力が最も強まる日で、冬至は太陽の力が最も弱まる日として古くから捉えられていました。

夏至の風習と食べ物

夏至に太陽の力が最大になると考えられていたことから、太陽の恵みに感謝し、豊作を祈願するようになりました。夏至から11日目の半夏生（はんげしょう）までに田植えをする習わしができ、そして田植えが終わると小麦餅を作って供えるようになりました。

関西ではこの餅を「半夏生餅（はんげしょうもち）」といいます。他に、タコの足のように広く根付いてほしいという願いから、タコを食べる風習もあります。

冬至の行事食

冬至はこの日を境に日がのびていくので、太陽が生まれ変わる日と考えられ、「ん」のつく物を食べて「運」を呼び込みます。「いろはにほへと」が「ん」で終わることから、「ん」には一陽来復（悪いことが続いた後に幸運が開ける）の願いが込められているからです。

ダイコン、レンコン、うどん、ギンナンなど「ん」のつく物を「運盛り」といい、縁起を担いでいます。カボチャは漢字で書くと南瓜（なんきん）。冬至にカボチャを食べるのもこのことからきています。その他の行事食にアズキを使った「冬至がゆ」、アズキとカボチャを煮た「いとこ煮」などがあります。

冬至にゆず湯に入るのはなぜ？

ユズは「融通」がきく、冬至は「湯治」。こうした語呂合わせからゆず湯に入ると思われていますが、もともとは運を呼び込む前に厄払いをするための「禊（みそぎ）」だと考えられています。一陽来復のために身を清めるのですね。また、ユズは実がなるまで長い年月がかかるので、長年の苦労が実りますようにとの願いも込められています。

お正月

　もともと「正月」とは1月の別称。1日を「元日」、3日までを「三が日」、7日までを「松の内」と呼びます。15日(地方によっては20日)の「小正月」で、一連の正月行事が終わります。

　お正月は、それぞれの家庭に1年の幸せを運ぶためにやってくる年神様をお迎えする行事。そんな神様を迎えるための正月行事には、一つひとつ役割と意味があります。

門松

　古くから神を待つ木とされるマツ。神様が迷わないように目印として玄関前に飾ります。門松を飾る期間を「松の内」といいます。

しめ縄

　しめ縄は、神様の領域に不浄なものが入らないようにする役割を果たし、神聖な場所であることを示す飾りです。飾る場所は、玄関の軒下の真ん中が一般的です。

鏡餅

　年神様へのお供え物であり、鏡餅に年神様が宿るとされています。家長が餅玉(魂)を家族に分け与えたのが「お年玉」、それを体に取り込むのが「お雑煮」とされています。

初日の出

　年神様は日の出とともにやってくるとされ、元旦に初日の出を拝めば願いが叶い、その年は健康に過ごせると言われています。

おせち

　おせち料理は、神様にお供えする料理という意味の御節供(おせちく)が略されたもの。福を重ねるという縁起を担いで重箱に詰めます。火の神である「荒神様」を怒らせないように、年の暮れに作って、保存ができるものになっています。

子どもたちに伝えよう！行事の由来

節分

　節分とは「季節を分ける」、つまり「季節の変わり目」のことを意味します。立春・立夏・立秋・立冬のそれぞれの前日を指すもので、本来1年に4回あります。

　その中でも立春は、厳しい冬を乗り越えた時期として特に尊ばれ、次第に節分といえば、立春の前の2月3日のみを指すようになりました。旧暦では新しい年が始まる重要な日にあたり、節分は、年の節目（季節の節目）に無病息災を願う行事として定着していきました。

なぜ豆をまくの？

　季節の分かれ目には邪気が入りやすいと考えられていて、厄や災い、鬼を追い払う儀式が古代中国から伝わりました。日本は古来から「大豆」は邪気をはらう霊力があると考えられていて、宮中行事の「豆打ち」という儀式と合わさり「豆まき」の行事が広まりました。こうして、旧暦では重要な年の始まりである「節分」に豆をまくようになったとされています。

　豆まきが終わったら、1年の厄除けを願い、そのまいた豆を自分の年齢より1粒多く食べます。また、豆を食べると「健康（まめ）になる」という意味もあるようです。

どうして「鬼は外、福は内」って言うの？

　鬼は、得体の知れない邪気のことを意味し、災害や病気などの悪いことは全部鬼の仕業と考えられていました。そのため邪気である鬼をはらい、福を呼び込むことから、「鬼は外、福は内」と言いながら豆まきをするようになりました。

　節分は日本に受け継がれた年中行事の一つ。しきたりにこだわらず、みんなで仲良く豆まきを楽しむのもいいですね。

ひな祭り

　古代中国では、3月3日の節句は忌み日とされ、災難を避けるために川で手を洗い、身を清めると悪いことが全部消えると考えられていました。これが日本に伝わると、自分の代わりになってくれる人形を川に流し、悪いことをもっていってもらうようにお祈りするようになりました。そのうち人形を川に流すのではなく、人形を飾って女の子の健やかな成長を願う行事になっていきました。ちょうど3月は、邪気をはらう力があると信じられていたモモの花が咲く季節であったことから、「桃の節句」とも言われるようになり、ひな祭りのお供え物や食べ物には、いろいろな意味や思いが込められています。

白酒・甘酒

　もともとは、邪気をはらうとされるモモの花びらを漬けた「桃花酒（とうかしゅ）」が始まりです。現在では、蒸したもち米や米麹にみりんや焼酎を混ぜて作る「白酒」が定着しています。

ひし餅

　ひし餅は、下から緑・白・赤ですが、これは「雪の下には新芽が芽吹き、モモの花が咲く」ことを表します。災厄を除き、親が娘の健康を願う気持ちが込められています。

ひなあられ

　行事の終わりにひし餅を砕いたのが始まりと言われ、健やかに幸せに過ごせるようにという願いが込められています。

ハマグリのお吸い物

　ハマグリは二枚貝。ぴたりときれいに合わさることから、仲の良い夫婦を表し、女の子の良縁を願う縁起のよい食べ物と考えられています。

　このように、ひな祭りの代表的な食べ物には子どもの成長と健康を願う思いと、それぞれ縁起のよい意味が込められています。心からお祝いしてあげたいですね。

園紹介

本書に執筆・協力いただいた9つの園について、それぞれの園の特徴や保育方針、活動などを紹介をします。

※園児数は執筆当時のものです。

あそびの中の学びを大切に

東一の江幼稚園(東京都・江戸川区)　園児数:約245名

　東京都江戸川区、住宅街の幼稚園。創設54年目を迎える。住宅地だからこそ、ユスラウメ、ビワ、プラム、ミカンなど四季に応じて実のなる木を植えるなどの自然環境を園内に用意する。また、幼稚園近隣のお店や学校など子どもの興味に応じてその資源を活用することも大切にしている。

　平成28年度より現園長に代わり、今まで積み重ねてきた園の保育の充実を図る。クラス編成は3歳児〜5歳児まで1学年3クラスの同一学年クラス。

　東一の江幼稚園ではあそびの中の学びを大切にし、その学びが深まるように「あそびのじかん」と「みんなのじかん」を設定し、その相乗効果からあそびの充実を目指す。

　「あそびのじかん」では自発的に子どもたちが遊び、一方「みんなのじかん」では「あそびのじかん」で発見したことや分からなかったことなどをクラスなどの前で発表したり、みんなで考えたり、また、数人で遊んでいたものがもっと人数が増えたら、あそびが深まるのではと「みんなのじかん」でそのあそびを体験し、「あそびのじかん」に自発的に遊べるようにしたりもする。

　保護者への発信も大切にし、週に1度の園長による週の便りやアプリを利用した副園長の保育ドキュメンテーション、一人ひとりの子どもたちの育ちの記録となるラーニングストーリー「育ちのノート」、実際に保護者が保育に参加する「保育参加」など、できる範囲で多様な支援を心掛け、保護者への発信をしている。

　そのため保育者が遊びのヒントをくれたり、必要なものを持ってきたりするなど、保護者も遊びを一緒に楽しむようになってきている。

　このように地域、保護者、園のそれぞれの資源を活かし、三位一体となって保育を進め、子どもたちの健やかな成長を保証する環境作りを目指している。

　また、平成29年度より同敷地内に小規模保育事業「東一の江保育園こすもす」を設立し、0歳児〜小学校就学前までの子どもたちが集まる施設となり、日々の保育実践を行っている。

子どもたちが自分で考えられる環境に

白梅学園大学附属白梅幼稚園（東京都・小平市）　　園児数：約169名

　子どもたちが自分たちで考え、生活やあそびを進めていくことを設立当初から大事にしている。一人ひとりがあそびの中で、物や仲間と出会い、やりたいことが実現できるように日々保育を積み重ねている。

　子どもの興味・関心から始まったあそびに保育者が丁寧に関わっていくことで、あそびが深まり、あそびの充実が更に高まっていく。

　近年では、保育の質をもっと高めるため、活動や行事を見直し、子どもの興味・関心から発展していくあそびを模索している。

子どもたちのつぶやきを感じ取れる環境を

認定こども園　さくら（栃木県・栃木市）　　園児数：約290名

　「アイディアを形にする力を子どもたちに」を保育のテーマに「子どもたちの夢や願いを叶える保育」をと平成22年度より、子ども主体の保育を展開しはじめる。0・1・2歳の6月くらいまでは「育児担当制」を展開し、子どもたちの心の安心・安定を育み、「子どもたちのココロの揺れ動きを醸造」し、3歳以上になると朝とおやつ時に子どもたちとの対話の時間を作っている。昨日の続きができる楽しみと葛藤と、今日活動をしてきたうれしさや戸惑いなどを共有しながら、子どもたちと保育をデザインしている。

　そのために、保育者にも主体的な活動ができるように園内組織を改編し、園長の考えている保育を実践するのではなく、保育者と合議体として保育を展開することに転換。会議と名の付くモノは極端に減らし（年に1、2回程度）、保育でICTを活用するならば、職員間のコミュニケーションテクノロジーから始めようと、まず職員間のSNSを構築。さらに保育日誌・出席簿などの紙ベースの物を減らし、普段の「あたりまえ」を見直すことを継続中。

　その中でも、保育者の研修体系には特に注力し、園内研修では職員間の上下関係を超えることは難しいので、園外の研修体系を構築するために一般社団法人Learning Journeyを設立。ベクトルが同じ園長・企業の方々と「先生方のココロのゆとり」をもち、「子どもたちのつぶやきを感じ取れる感覚」を楽しみながら学べる環境づくりを実践中。これら園外での刺激と園内での保育が融合して「自園のワクワクした保育を展開できる文化」になっていくことを楽しみにしている。

子どもの声に耳を傾けることを第一に

野のゆり保育園（東京都・目黒区）　園児数：約46名

　少人数ならではの家庭的な雰囲気、安心感を大切に保育をしている。平屋建ての園舎は、各部屋がつながっており、クラスにとらわれず、好きな場所で過ごすことができる。自然と異年齢の関りが多くなり、きょうだいのような関係が子ども同士に築かれている。小さいながらも園庭があり、泥んこの築山や大型の木製遊具などで、日々、体を十分に動かして遊んでいる。

　子どもたちの声に耳を傾けることを第一に考えた保育を心掛け、保育者一人ひとりが、子どもの気持ちを受け止められるようにしている。子どもたちには思いやる心や、創造力を育んでほしいと考えている。

思いやりの心と自尊心を育む保育を

双葉の園保育園（東京都・目黒区）　園児数：約165名

　戦後間もない1948年から開園した歴史がある保育園。渋谷から1駅の立地だが、木に囲まれた自然を感じられる環境にある。都内屈指の広い園庭は、0・1歳児専用の園庭と広い園庭の2か所に分かれ、大型の木製遊具や、ブランコなどの固定遊具、泥んこの築山、自由に動かせるタイヤや木材などがふんだんにあり、子どもたちが思いきり遊べる環境にある。

　「創造力と自立心、人には優しい心　自分には強い心」という保育目標をあげ、乳児期からしっかりと気持ちを受け止められることを実感できる保育を心掛けている。幼児期は、一人ひとりがやりたいことを見つけ、主体的に取り組み、周りの保育者や子どもたちと互いに認め合いながら、思いやりの心や自尊心を育んでほしいと考えている。

保護者との協力で子どもと環境を支える

宮前幼稚園（神奈川県・川崎市）　園児数：約380名

「わくわく生き活きと輝き、創造的にあそべる子ども」を教育目標とし、子どもたちの主体的なあそびを大切にしている。

豊かなあそびを支える環境として、園庭を水・風・光・土・森のゾーンに分けてデザインし、築山・ターザンロープ・小川・水車・ビオトープ・ザリガニ池・田んぼ・竹林といった子どもたちが五感を働かせて関わることができる自然環境を有している。

子どもたちのための環境づくりに保護者も積極的に活動している。父親によるおやじの会では、落ち葉のプールやタラヨウの葉にお絵かきするなど自然あそびをテーマにしたイベントを企画・運営している。母親によるサークル活動では、季節ごとに園庭の花の植え替えを行ない、子どもたちが春夏秋冬の季節感を感じられるように整備したり、

子どもと一緒にもち米づくりを行ったりしている。園と保護者が協働し豊かな自然環境を支え、子どもたちの多様な経験へとつなげられることを大切にしている。

子どもの夢をかなえる保育の実現を

RISSHO KID'S きらり（神奈川県・相模原市）　園児数：約91名

RISSHO KID'Sきらりは、「一人の夢がみんなの夢になる 一人の幸せがみんなの幸せになる」という保育理念のもと、「夢をかなえる保育」に取り組んでいる保育園。そこには「子どもと保育者が自らの夢を大切にし、その実現を通して生きる魅力やおもしろさをとことん味わってほしい」という園長の強い願いがある。

園庭がないテナント型の園ではあるが、だからこそ「園庭のある園以上に魅力的な保育を実現しよう！」と、豊かな室内環境のデザインや地域資源の積極的な活用を通して、「思わず子どもも大人もやってみたくなるような保育」の創造を全力で楽しんでいる。

その上で一人ひとりの子どもの気持ちをくみ取るのに大切な一つが、日々のさりげない子どもの「つぶやき」。つぶやきには、「○○をやりたい」といった素直な気持ちがつまっており、聞き逃さないように心掛けている。子どもが生きる上でのパートナーである保育者と喜びを共有しながら、子ども一人ひとりが自分らしくなれることを実感できる園生活を大切にしている。

園紹介

学びが深まるあそびの継続を大切に
四季の森幼稚園（神奈川県・横浜市）　園児数：約155名

　自然豊かな園庭、子どもが冒険したくなるような戸外の環境を大切にした上で、あそびの中で学びが深まる保育を丁寧に考えている園。特に、あそびの継続や学びの深まりのために、子どもの主体性と自由感を大切にして、一人ひとりの興味・関心が日々の保育の中で実現できる保育を目指している。3歳児は自分の好きなあそびが十分に満足できることを大切にし、4歳児は仲間と生活する喜びが日々実感できるように意識し、5歳児は、協働性の芽生えと共に、話し合いによる対話や自己実現に必要な教材や教具を工夫して活用できるようにすることを意識し、学びが深まるようなあそびの継続性を大切にしている。

　また、地域の小学校とのつながりを重視しながら幼小の接続期を意識した連携を強く意識している。園児の中には障害のある子どもも多く存在し、多様な子どもを受け入れることでインクルーシブな保育を意識して、障害のある子どもの育ちと、周囲の子どもとの共生社会を大切にした上で、日々の保育に取り組んでいる。そこで育つ子どもの多くは多様性を受け入れることが可能な人として成長し、逞しく社会を切り開いていく人としての育ちを大切にながら保育を展開している。

遊んで学ぶ、大切なこと全部
かみいしづこどもの森（岐阜県・大垣市）　園児数：約40名

　かみいしづこどもの森は、岐阜県の片田舎、里山の町にあり、0・1・2歳児は年齢別（厳密には発達状況別）、3歳児以上は異年齢クラスで過ごしている。

　「遊んで学ぶ。大切なこと全部。」というテーマのもと、環境によって育てる・育つことを中心に据え、屋内であれば豊富なおもちゃ類、絵本、ゲーム等を活用した自由なあそ

び、時に子どもたちと相談しながら進める環境認識あそびなどバリエーションはいろいろ。一方で、屋外に出れば豊かな里山の自然を生かし、日常的なお散歩や園から徒歩40分くらいのところにある野外保育環境まで出掛け、開放的かつ刺激的な時間を過ごしている。

　特に意識していることは活動内容のバランス。自然に恵まれた環境にあっては屋外あそびが中心になりがちだが、当園においてはそれもあくまで「数あるメニューのうちのひとつ」として捉えている。

　人生を支える根本が作られるのが幼児期である。したがって、何か特定の能力を伸ばしたり、特定の活動を通して様々な能力を獲得しようと欲張るよりも、様々な活動を通して能力全体の底上げを図ることが肝要。将来どんな大人になったとしても、自分を肯定し、前向きに生きることができる、そんな姿をイメージしながら、日々の保育に取り組んでいる。

【参考文献】

運動あそび
『新訂 わらべうたであそぼう　年中編・付　文学あそび』（コダーイ芸術教育研究所／著　明治図書出版）
『わらべうた　わたしたちの音楽』（コダーイ芸術教育研究所／著　明治図書出版）

伝承あそび
『作ってあそべる　製作ずかん』（今野道裕／著　学研教育みらい）

手あそび
『手あそび百科』（植田光子／編著　ひかりのくに）

折り紙あそび
『保育のおりがみ まるごとBOOK』（津留見裕子／編著　ひかりのくに）
『はじめておりがみ』（津留見裕子／案・指導　学研教育みらい）

飼育・栽培プラン
『保育園・幼稚園での　ちいさな生き物飼育手帖』（山下久美　鑄物太朗／著　かもがわ出版）
『毎日の保育で豊かな自然体験！ 自然＊植物あそび一年中』（出原 大／執筆　学研教育みらい）

田澤里喜

玉川大学教育学部乳幼児発達学科准教授
学校法人　田澤学園　東一の江幼稚園　園長

　1996年、玉川大学卒業後、玉川学園幼稚部に担任として4年間勤務後、東一の江幼稚園に異動。また同年、大学院に進学し、在学中より、短大、専門学校の非常勤講師を経て、2005年より玉川大学教育学部講師（2013年より准教授）となる。また、2015年より東一の江幼稚園園長に就任する。

　著書に『遊びからはじまる学び』（大学図書出版）『幼稚園の教育経営』（一藝社）（ともに共著）、『表現の指導法』（玉川大学出版部）『あそびの中で子どもは育つ』（世界文化社）『保育の変革期を乗り切る園長の仕事術』（中央法規）（ともに編著）など。

【企画協力】鈴木みゆき

【執筆者一覧】
かみいしづこどもの森（園長・脇淵竜舟）岐阜県大垣市
四季の森幼稚園（園長・若月芳浩）神奈川県横浜市
白梅学園大学附属白梅幼稚園（教諭・西井宏之　大塚美帆　髙橋結花）東京都小平市
認定こども園 さくら（園長・堀 昌浩　保育教諭・太田夢乃・関口紗理奈・加藤結紀）栃木県栃木市
野のゆり保育園（副園長・佐藤 援）東京都目黒区
東一の江幼稚園（園長・田澤里喜　教諭・荒井絵理）東京都江戸川区
双葉の園保育園（副園長・佐藤 援）東京都目黒区
宮前幼稚園（副園長・亀ヶ谷元譲）神奈川県川崎市
RISSHO KID'S きらり（クリエイティブディレクター・三上祐里枝）神奈川県相模原市

【手あそび監修】植田光子
【折り紙監修】津留見裕子

STAFF

本文デザイン● 髙橋陽子　山縣敦子
イラスト● すみもとななみ　常永美弥　仲田まりこ
　　　　　野田節美　ホリナルミ　Meriko
　　　　　やまおかゆか　石川元子　北村友紀
　　　　　坂本直子　たかぎ＊のぶこ　みさきゆい
折り方イラスト● 小早川真澄
楽譜浄書● 株式会社福田楽譜　山縣敦子
折り紙撮影● GOOD MORNING
編集協力● 髙橋陽子　リボングラス
校正● 株式会社文字工房燦光
企画・編集● 山田聖子　安部鷹彦　北山文雄

本書のコピー、スキャン、デジタル化等の無断複製は著作権法上での例外を除き禁じられています。本書を代行業者等の第三者に依頼してスキャンやデジタル化することは、たとえ個人や家庭内の利用であっても著作権法上認められておりません。

年齢別保育資料シリーズ
4歳児のあそび

2019年2月　初版発行

編著者　田澤里喜
発行人　岡本 功
発行所　ひかりのくに株式会社
　〒543-0001　大阪市天王寺区上本町3-2-14
　TEL06-6768-1155　郵便振替00920-2-118855

　〒175-0082　東京都板橋区高島平6-1-1
　TEL03-3979-3112　郵便振替00150-0-30666
　ホームページアドレス　http://www.hikarinokuni.co.jp
印刷所　図書印刷株式会社

©2019 HIKARINOKUNI　　　Printed in Japan
乱丁・落丁はお取り替えいたします。　ISBN978-4-564-61564-1
JASRAC 出 1814570-801　　NDC376　240P　26×21cm